Holger Schmidt–Lut

ABSCHIEDSFLUG

Notizen von einer Flugreise,
die eigentlich ganz anders hätte verlaufen sollen

Ursprüngliche Planung:

18.02.03	Landsberg – Rabat (Marokko) mit Tankstopps in Istres (F) und Moron (E)
19.02.03	Rabat – Dakar (Senegal) mit Entladestopp in Nouakchott (RIM)
20.02.03	Dakar – Ouagadougou (Burkina Faso)
21.02.03	Ouagadougou – Accra (Ghana) mit Entladestopp in Abuja (WAN)
22.02.03	Accra – Conakry (Guinea)
23.02.03	Stehtag in Conakry
24.02.03	Conakry – Gran Canaria (Kanarische Inseln) mit Tankstopp in Dakar (SN)
25.02.03	Gran Canaria – Landsberg

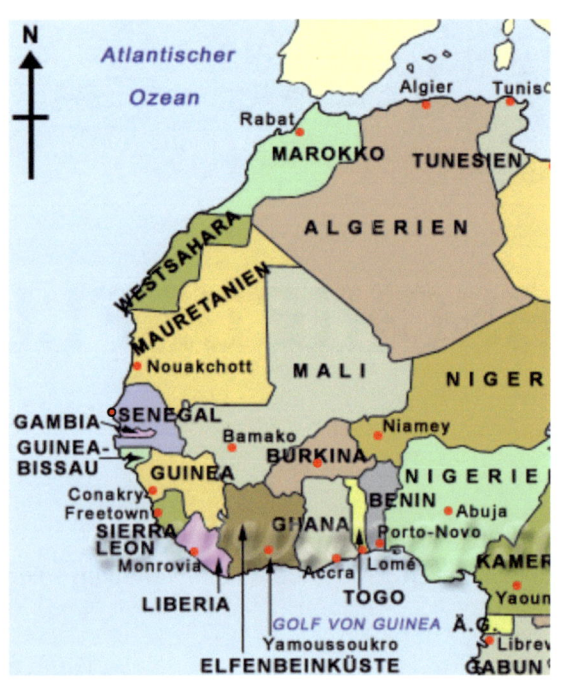

Dienstag, 18. Februar 2003

Der Start in Landsberg am Lech verläuft wider Erwarten gut. Natürlich ist damit nicht der Start selbst gemeint, sondern vielmehr der Beginn des Flugeinsatzes. Nach über dreißig Jahren in der militärischen Transportfliegerei soll dies mein letzter mehrtägiger Einsatz werden. Bald schon werde ich das große Heer der Flugzeugführer vermehren, die nur noch in ihrer Erinnerung fliegen. Doch zunächst hat mir der Verband mit der Einteilung als Kommandant auf diesem Flug nach Westafrika noch einmal ein Abschiedsbonbon geben wollen. Und dieser Abschiedsflug beginnt jetzt.

Und dieser Beginn ist, entgegen der Gewohnheit der letzten Jahre , in Ordnung. Zu oft in letzter Zeit hatte entweder das zugeteilte Flugzeug erst repariert oder gar getauscht werden müssen, ehe man endlich vom Hof kam. Doch dieses Mal unerwartet anders: das Flugzeug zeigt sich bei der Vorflugüberprüfung technisch in einwandfreiem Zustand.

Allerdings ist die Ladung eine Stunde vor beabsichtigtem Start noch nicht eingeladen. Das war früher bei Afrikaflügen eher anders. Da die Transportgüter regelmäßig rechtzeitig bereit standen, wurden die Flugzeuge eigentlich immer am Vortag beladen. Doch vielleicht hat ja auch der Luftumschlagzug, dem diese Arbeit obliegt, aus den zuvor geschilderten Vorfällen gelernt und sucht so mehrmaliges Ein– und Ausladen zu vermeiden.

Immerhin, wir können mit einer relativ kurzen Verzögerung von 20 Minuten auf die geplante Zeit starten und die beiden Triebwerke heben unsere 50+92 nach wenigen Minuten aus dem winterlichen Dunst, der über dem Voralpenland liegt. Bei 3.700 Fuß sind wir über den Wolken und die Alpenkette breitet sich in ihrer ganzen Schönheit vor uns aus. Die Flugstrecke führt uns über Kempten und den Bodensee, dann über die Schweiz auf nahezu geradem Weg in die Mündungsebene der Rhône, wo wir in Istres zum Tanken landen werden.

Dort verwöhnen uns die französischen Kameraden der *Armee de l´Air* mit zügiger Abfertigung und Betankung und schon bald ziehen wir das Fahrwerk wieder ein für den Weg über Spanien nach Rabat in Marokko.

Ursprünglich hätten wir bei Sevilla, auf dem spanischen Luftwaffenfeld Moron, noch einmal tanken sollen. Doch dazu besteht keine Notwendigkeit und so lassen wir diese Zwischenlandung aus. Der Flug führt uns nunmehr über den Golf von Lyon direkt auf Barcelona zu, dann entlang der Ostküste nach Süden.

Die Ostküste Spaniens ist wolkenfrei und wir genießen rechter Hand einen beeindruckenden Blick auf die Pyrenäen, ich glaube im Hintergrund sogar Andorra, diesen Ministaat in den hier noch halb hohen Grenzbergen zwischen Frankreich und Spanien, ausmachen zu können. Meine Erinnerungen schweifen zurück in die Urlaubsfahrten, die ich mit meiner Familie hier entlang unternommen habe.

Schon im Steigflug, während an meiner linken Seite der Blick über den Hafen von Marseille schweift, entdecke ich rechter Hand die wunderschöne Anlage von *Les Saintes Maries* und *Aigues Mortes*, diesen beeindruckenden südlichen Zipfeln der Camargue. Wann immer mein Blick auf die Pyrenäen fällt, entstehen in meinem Kopf die tief beeindruckenden Bilder aus diesem wildromantischen Gebirge, die sich bei unserer abendlichen Fahrt von Lourdes nach Huesca über die schmalen Straßen der Nebenroute in meinem Kopf eingeprägt hatten.

Bei Barcelona, das wegen des vorherrschenden Dunstes kaum zu erkennen ist, wendet sich die Route nun nach Süden über Valencia und Alicante. Von dort haben wir den etwas weitern Weg über Almeria statt der direkten Verbindung nach Malaga gewählt. Das geschah kaum wegen der nun unter uns entlang ziehenden landschaftlichen Reize. Die Sichten sind ohnehin begrenzt und nur weniges von all jener Schönheit, von der ich durch meine Autofahrten hier entlang noch weiß, lässt sich aus unserer Flughöhe erkennen.

Doch ich wollte unbedingt möglichst genau über Torrox–Costa fliegen und das ist nur so möglich. Diesen Weg setzen wir daher auch gegen den Vorschlag einer verwunderten Flugsicherung, die uns kürzer fliegen lassen will, durch.

Doch Südspanien ist bis auf einen möglicherweise ganz knappen Küstenstreifen mit mittelhohen Wolken bedeckt.

So kann ich zwar unsere Position zirka vier nautische Meilen nördlich von Torrox um genau 13 Uhr 45 Ortszeit bestimmen, ein Blick auf den Aufenthaltsort meiner Schwiegereltern, die in diesem Ort eine Ferienwohnung ihr eigen nennen und große Teile des Jahres lieber in andalusischer Sonne verbringen, ist mir aber nicht vergönnt.

Immerhin habe ich heftig an sie gedacht und sie müssten eigentlich ordentlich Schluckauf bekommen haben.

Dass wir die kürzere Route ausgeschlagen haben, rächt Sevilla Radar mit einem Umweg über Jerez. Das heißt, wir müssen Gibraltar nun nördlich umfliegen, ehe wir wieder gen Süden in Richtung Tanger einschwenken dürfen. Das wäre aber wahrscheinlich auch sonst so gekommen.

Trotz der schlechten Sichten kann man den Affenfelsen von Gibraltar recht ordentlich ausmachen. Auch ist der britische Flugplatz gut zu erkennen – wenn man denn weiß, wo er liegt!

Da die Wolken hinter der Küste gen Süden aufreißen, ist die nördliche afrikanische Spitze an der Straße von Gibraltar ausgesprochen gut erkennbar. Wir unterhalten uns in der Besatzung über den Sinn oder Unsinn der spanischen Besitzung Ceuta auf dem jenseitigen Ufer, die ja zum einen der englischen Besitzung Gibraltar genau gegenüber liegt, zum anderen aber wie ein Dorn im marokkanischen Fleisch stecken muss.

Auf der Höhe von Tanger, wir fliegen jetzt über dem Atlantik nach Süden, kann man sowohl die mächtigen Berge des Rif-Gebirges als auch in weiter Ferne die schneebedeckten Gipfel des Hohen Atlas ausmachen. Doch zu bald schon zwingt die Konzentration auf den Anflug unsere Augen mehr in das Innere des Cockpits und die Gedanken auf das Fliegen zurück.

Wir werden auf dem zivilen Teil des Flugplatzes von RABAT, ziemlich genau gegenüber der Empfangshalle für die V.I.P., abgestellt.

Unmittelbar nach dem Abstellen der Triebwerke erscheint ein deutscher Stabsfeldwebel vom Militärattachestab. Wir müssen Einreiseformulare ausfüllen, sie mit den Pässen an den Stabsfeldwebel übergeben. Er wird die Formalitäten für uns erledigen. Wir schlagen vor, auch den morgigen Flugplan schon heute aufzugeben und die Wetterunterlagen vorzubestellen. Das spart normalerweise am nächsten Tag jede Menge Zeit, doch dieses Mal hätten wir das wohl besser nicht gemacht!

Der Angehörige des Militärattachestabes schimpft über unsere Abstellung auf dem zivilen Teil, die natürlich Kosten verursacht. Doch das lag, wie seinen eigenen Ausführungen später zu entnehmen war, wohl eher am Versäumnis des Militärattachestabes, die königlich marokkanischen Streitkräfte um eine Abstellung und Abfertigung auf ihrem Teil des Flugplatzes zu bitten. Also beschließt der Stabsfeldwebel nunmehr, wenigstens die Flugabfertigung auf der militärischen Seite vorzunehmen und fährt mit unserem Copiloten von dannen. Das wiederum hätte er besser gelassen.

Thorsten, unser Copilot macht seinen ersten Afrikaflug und beherrscht nach eigenem Bekunden die französischen Sprache nicht einmal im Ansatz. Genau darum aber habe ich ihn alleine mit dem Vertreter der Deutschen Botschaft losgeschickt. So kann er lernen, trotz der fehlenden Sprachkenntnisse in den frankophonen afrikanischen Ländern zurecht zu kommen. Würde ich selbst mitgehen, hätte er wohl bald hilfesuchend auf seinen Kommandanten geblickt. Ich könnte gar nicht anders als dann die Verhandlungen zu übernehmen, und im Endeffekt hätte der junge Flugzeugführer eigentlich nichts gelernt.

Da andererseits ja ein landes- und sprachkundiger deutscher Soldat dabei ist, sollte eigentlich nichts schief gehen können. Dachte ich! Doch der Mensch denkt und Gott lenkt, beziehungsweise hier wohl eher in der Vergangenheitsform: Der Mensch dachte und Gott lachte!

Bei der Nachflugkontrolle weist mich der Wart auf leichte Ölspuren an allen Propellerblättern hin. Mir allerdings scheint das eher eine Folge des starken Temperaturanstieges zwischen Start- und Landeplatz als eine technische Störung zu sein. Undichtigkeit gleich an beiden Propellern ist mehr als unwahrscheinlich. So beschließen wir gemeinsam, zumal die ausgetretene Menge das erlaubt, das Öl abzuputzen und die Propeller weiter zu beobachten.

Das Flugzeug ist längst aufgetankt und abgedeckt und wir Zurückgebliebenen haben uns schon ein Bier gegönnt, die beiden kommen und kommen nicht zurück!

Der *After Landing Check*, wie dieses erste Bier nach der letzten Landung des Tages bei uns heißt, hatte mir die Gelegenheit geboten, den Angehörigen dieser Besatzung, mit der ich meinen letzten längeren Flug unternehmen sollte, das „Du" anzubieten. Dem schloss sich gleich auch unser Arzt an, und die Stimmung wurde sofort weniger gespannt und vertrauter. Immer wieder überrascht und erstaunt mich, wie eine solche Formalie Einfluss auf das gegenseitige Empfinden und auf das Miteinander hat.

Schließlich treffen unsere Vermissten nach über zwei Stunden wutschnaubend ein. Fragend sehe ich meinen Copiloten an.

Es habe nicht etwa am Abfertigen gelegen, das sei recht reibungslos vonstatten gegangen. Auch das Bestellen der Wetterinformationen für den nächsten Tag habe keinerlei Schwierigkeiten gemacht. Aber dann sei das Problem des Rücktransportes aufgetaucht.

Mit seinem CD-Kennzeichen hätte der Stabsfeldwebel zwar die marokkanische Kaserne befahren können, doch die Zufahrt zum zivilen Teil sei ihnen verwehrt worden. Also hatte man sich eines „Follow me" von der zivilen Seite bedient und der war nach Ankunft an der Abfertigungsstelle einfach wieder fortgefahren.

Ihr Ansinnen, den kaum fünf Minuten ausmachenden Weg zu unserem Flugzeug nach Erledigung aller Formalitäten zu Fuß zurückzulegen, sei knapp mit „C´est interdit" abgewiesen worden.

Wer übrigens glaubt, die kategorische Aussage „Das ist verboten!" sei eine rein deutsche Erscheinung, der irrt gewaltig.

Nun hätten sie also notgedrungen auf ein wiederum zu bestellendes Auto vom zivilen Teil warten müssen. Da dies aber wohl die Zeit des abendlichen Gebetes sei, habe es eben über zwei Stunden gedauert.

Wie er sagt, ist der Stabsfeldwebel, der eine sprachlich leicht einzuordnende sozialistische Vergangenheit haben muss, diese Verhaltensweisen seiner Gastgeber zwar gewöhnt, doch begegnet er ihnen mit Widerwillen und voller Unverständnis. Äußerungen zu Land und Leuten, während er uns einweist, machen seine derartige Einstellung überdeutlich. Schlimmer noch. Mir scheint, er lässt seine örtlichen Gesprächspartner diesen Widerwillen und seine persönliche Geringschätzung auch spüren. Da ist dann die Reaktion der Einheimischen eigentlich nicht mehr verwunderlich. Mit dem begleitenden Arzt bin ich mir jedenfalls einig, dass die Besetzung einer diplomatischen Stelle mit diesem Mann wohl ein Fehlgriff der Personalführung gewesen sei.

Am nächsten Morgen soll sich die Abfertigung doch nicht ganz so problemlos gestalten, wie am Vorabend gedacht. Schließlich wurde ja schon direkt nach unserer Ankunft alles geregelt und bestellt. So brauchen wir eigentlich nur noch die Wetterunterlagen abzuholen. Ich bitte den Stabsfeldwebel um diese Botenfahrt, weil wir derweil unsere Logs vorbereiten und ausdrucken wollen.

Nach einiger Zeit kehrt er mit der Aufforderung zurück, wir müssten auch den Flugplan abholen, und so begibt sich der Stabsfeldwebel, von mir darum gebeten, nochmals auf die Reise. Mir bleibt unklar, warum er den Flugplanausdruck nicht gleich mitgebracht hat.

Knapp eine halben Stunde später erscheint dann der Fahrer eines Follow-me an unserer Maschine und verlangt, wir sollten unseren Flugplan – schließlich haben wir ja den Durchschlag vom Vortag! – bei der Abfertigung ab*geben!* Notgedrungen begibt sich nun auch der Copilot mit dem zivilen Fahrzeug zur Abfertigung, von wo er nach kurzer Zeit mit dem Durchschlag eines neu eingereichten Flugplans zurückkehrt.

Tatsächlich hatte der Flugplan völlig neu eingereicht werden müssen, weil im gestern abgegebenen Plan unter REMARKS eine diplomatische Freigabenummer für den Überflug der West-Sahara aufgeführt war.

„Das Gebiet gehört uns! Diese diplomatische Freigabe darf es gar nicht geben. Sie hat aus dem Flugplan zu verschwinden!", hatte ein marokkanischer Offizier verlangt.

Was soll man da diskutieren? Unsere „Besondere Anweisung für den Flugbetrieb", die den Flugbetrieb im Ausland regelt und die Notwendigkeit diplomatischer Freigaben ebenso vorschreibt wie deren Aufführen im Flugplan, hätte diesen Offizier ohnehin nicht interessiert. Also haben wir einen neuen Plan, dieses Mal ohne den Eintrag „DIC for West-Sahara", eingereicht.

Es wird sich auch bei der Fortführung des Fluges tatsächlich niemand für eine solche Erlaubnis interessieren!

Das für uns gebuchte Hotel SAHIA ist absolut in Ordnung, die Zimmer sind sauber und gut klimatisiert. Wir bestellen auf Anraten des Stabsfeldwebels von der Botschaft ein typisch marokkanisches Gericht im Hotel, das wir in knapp zwei Stunden einnehmen wollen.

Zuvor aber will die *Medina* in einem kurzen Spaziergang erkundet werden.

Medina heißt in genauer Übersetzung *Stadt*, doch ist die so bezeichnete Anlage in Rabat eher einem *Souk*, also einem Marktareal, das man in anderen arabischen Regionen „Bazar" nennt, vergleichbar. Sie besteht aus lauter engen Gassen, die hinter einer ockerfarbigen Mauer mit diversen Stadttoren eine Unzahl kleiner und kleinster Geschäfte beherbergen. Vergleiche mit Khania auf Kreta kommen auf, wo die Gassen zwischen Stadtmitte und venezianischem Hafen nach Warenart sortierten sind. Doch hier scheinen sich die Geschäfte noch enger zu drängen.

Die Händler sind freundlich und preisen ihre Waren stimmgewaltig und lobend an, doch sie sind nicht lästig. Geduldig und offensichtlich erfreut reagieren sie auf unsere Neugier über ihr Warenangebot. Aber sie nehmen auch die freundliche Ablehnung eines Kaufes ebenso freundlich hin.

Hin und wieder versucht jemand, uns alte DM-Scheine im Tausch gegen Euro anzubieten. In Deutschland könnten wir das ja noch tauschen, wird uns gesagt. Unserer Aussage, dafür sei der Termin schon überschritten, wird wohl nicht so recht geglaubt.. Aber auch hier führt unsere Ablehnung – freundlich aber bestimmt vorgebracht – nicht zu Aggressionen.

Es gibt schöne Holzkasten und -kästchen aus Zedernholz. Sie duften verführerisch und sind, neben reizenden Schnitz- oder Intarsienarbeiten, mit geheimen Verschlüssen versehen.

Ich kann zu diesem frühen Zeitpunkt des Fluges noch gut widerstehen, der Doktor trägt die ersten Erwerbungen heim.

Hülsenfrüchte, bekannte und mir unbekannte, werden in Säcken ebenso feilgeboten wie Nüsse und Gewürze. Die Gerüche sind teilweise wirklich herrlich und erinnern an die Märkte Arabiens – doch nur ein bisschen. Mancher Geruch auf arabischen Märkten ist nämlich nicht ganz so angenehm.

In der Stadt fallen zwei Sorten Ordnungshüter auf.
In blauen Uniformen und ärmlich wirkend die Polizisten, die eigentlich den Verkehr regeln sollen, regelmäßig jedoch eher für das Zustandekommen von Staus an jeder Kreuzung verantwortlich sind.
Wir erfahren, dass sie auch kaum über eine anständige Ausbildung verfügen, viele wohl auch Analphabeten sind, und dass diese Polizisten über relativ wenig Macht verfügen. An ihre Signale und Anordnungen hält sich ohnehin so recht kaum jemand.

Dann, vereinzelter zu sehen, aber stets sofort auffallend, Polizei in wesentlich besser sitzender, grauer Uniform auf

10

Motorrädern: die „Gendarmerie Royal". Eine Polizei mit exzellenter Ausbildung und großer Machtbefugnis, dem König direkt unterstellt.

Der ist übrigens beim Volk anerkannt und beliebt. Er bewegt sich oft und gerne mit allen nur erdenklichen Verkehrsmitteln zwischen seinen Untertanen durch die Stadt und sorgt damit ausschließlich bei seinen Leibwächtern für Verwirrung und Ärgernis.

Zweierlei auch die Taxis, etwas, was uns durch das gesamte frankophone Afrika begleiten soll. Es gibt die blaufarbigen, kleinen Stadttaxen, „le petit taxi" genannt, meist ein Renault R15. Daneben die großen, weißen Mercedes-Benz, „le grand taxi", die auch nach außerhalb der Stadt Fahrten annehmen dürfen.

Der Ortskundige behauptet, dass höchsten ein Drittel der Kraftfahrer einen Führerschein besitzen. Für die zahlreichen Mopeds bis 50 PS wird nicht einmal einer benötigt. Sie dürfen ab 16 Jahren gefahren werden und sind – wen würde das verwundern? – durchweg frisiert.

Mittwoch, 19. Februar 2003

Südlich von Rabat und Casablanca – beide Städte können wir wegen des am Boden vorherrschenden Dunstes leider nicht sehen – erheben sich die stolzen Berge des Hohen Atlas. Dessen höchste Erhebung reicht fast bis auf die Höhe des Montblanc. Die Spitzen dieses Gebirgszuges tragen eine Puderschicht aus Schnee wie unsere Alpen im Frühherbst. Ein Bild, das sich nur widerwillig in unsere Vorstellungswelt von diesen Breiten fügt.

Mir kommt beim Anblick dieser rauen Barriere die Frage, ob dieses Gebirge wohl einen hemmenden Einfluss auf den Austausch der jeweils nördlich und südlich davon lebenden Menschen gehabt hat. Wenn ich mich recht erinnere, leben zwar die Tuareg und andere Menschen mit der hellen Haut Nordafrikas auch in Mauretanien und bis weit nach Mali hinein. Dennoch kann ich mir gut vorstellen, dass die dunkelhäutigeren Senegalesen an dieser Barriere gen Norden scheiterten, sollten sie jemals den Wunsch verspürt haben, weiter nach Norden vorzudringen.

Erklären solche natürlichen Hindernisse vielleicht die rassische Trennung zwischen dem nördlichen und dem südlicheren Afrika? Immerhin geht die Trennlinie durchaus mit diesen hohen Bergen und den weiten, trostlosen Flächen der Zentralsahara einher.

Bei der Zwischenlandung in NOUAKCHOTT (Mauretanien) werden wir endlich unsere erste offizielle Ladung los. Die Unteroffiziere der Beratergruppe erwarten uns schon. Ihren Leiter werden wir erst in Conakry treffen, wo dieser bis vor kurzem die Beratergruppe Guinea geleitet hat. Nach deren Auflösung übernahm er dann die hiesige.

Begleitet von einem dynamisch wirkenden Oberfeldwebel begrüßt uns ein ausgesprochen freundlicher Stabsfeldwebel mit hellen, stahlblauen Augen. Er erzählt mir gleich zu Beginn unseres kurzen Gesprächs, wie traurig die Mitarbeiter dieser Beratergruppe sind, dass Transallbesatzungen wohl niemals eine Übernachtung oder gar einen Stehtag in Nouakchott einplanen. Die Berater würden so gerne einmal die Betreuung einer Besatzung übernehmen und hätten doch so vieles zu zeigen. Wir könnten uns ja gar nicht vorstellen, was für ein berauschend schönes Erlebnis eine Nacht in der Wüste sei.

Nun, bei dem heutigen, mich maßlos enttäuschenden Wetter kann ich diese Gedanken wohl nachempfinden: Die Sonne lacht bei freundlichen 28° Celsius vom Himmel und keine Staubwolke wehrt den Blick. Das kenne ich anders und so wie ich dieses ewig in Sand- und Staubstürme eingehüllte Nouakchott erfahren habe, versprach ich es auch dem Copiloten.

Der muss mich wohl jetzt für einen ordentlichen Deppen halten. Vielleicht aber gibt ihm ja der Unwille nahezu aller Besatzungen, hier zu übernachten, doch zu denken.

12

Die Bodenzeit gestaltet sich erfreulich kurz, auch wenn die Palette im Flugzeug gebrochen und die für hier bestimmte Ladung von Hand ausgeladen werden muss. Eigentlich hatten wir nicht vorgehabt, hier zu tanken. Die Erfahrung mit diesem ungemütlichen Flugplatz riet davon ab. Doch jetzt haben wir wegen der unerwartet starken Winde 800 kg zuwenig Treibstoff für den Weiterflug. Also tanken wir, und – als wolle dieser Ort mich heute mit allem überraschen – auch das geht unverzüglich und reibungslos.

Es ist schon erkennbar Abend, als wir DAKAR (Senegal) zu unserer nächsten Übernachtung anfliegen. Die eigentlich vorhandene und für hier bestimmte Ladung hatten wir nach Absprache mit unserer Leitstelle gar nicht erst eingeladen. Sie entsprach genau den zwei Tonnen, die wir nun an Kraftstoff über den Durst nehmen konnten, um nicht nach Afrika „hoppeln" zu müssen.

Ich werde aber den Verdacht nicht ganz los, dass dieses Ausladen eher auf Grund einer Fehleinschätzung meines Ladungsmeisters *Heinz* zustande kam. Er hatte das Gewicht der von der Botschaft in Ouagadougou mittels zweiseitigem Fax bestellten Lebensmittel ziemlich hoch veranschlagt. Die erwiesen sich übrigens nach erfolgtem Einkauf als gerade einmal 200 kg schwer. Das fällt bei 8.500 kg Gesamtladung und einem Gesamtgewicht von nahezu 46 Tonnen beim ersten Start wahrlich kaum ins Gewicht. Doch was immer der Grund war, er ändert letztendlich nichts an der Tatsache: An Bord unserer Transall gab es keine Ladung für Dakar!

Sehr zu meiner Verwunderung hatten wir bis zur letzten Flugvorbesprechung am Freitag nicht einmal eine persönliche Bestellung der Militärberaterfamilien aus Dakar bekommen. Nach Aussage unseres Ladungsmeisters hatte auch sein anschließender Anruf bei der dortigen Beratergruppe, um den ich ihn bei dieser Vorbesprechung noch gebeten hatte, keinen Bedarf an „Mitbringseln" ergeben. Lügen haben kurze Beine!

Immerhin wissen wir jetzt schon und geben das auch an die Beratergruppe weiter, dass die daheim gebliebene Ladung gleich Anfang März ihren Empfänger erreichen wird. Dazu wird ein ursprünglich nur bis Rabat geplanter Flug nach Dakar weitergeleitet werden.

Im Anflug bietet die Stadt aus der Luft einen erstaunlichen Anblick. Sie hat keine erkennbaren Slums und wirkt geradezu europäisch. Dieser optische Eindruck von oben wird von einem Oberstabsfeldwebel der Beratergruppe als tatsächlich zutreffend bestätigt.

Ich muss diesen Mann früher schon einmal in Afrika getroffen haben. Er erzählt, dass er in nahezu allen westafrikanischen Ländern eingesetzt war und überall Ausbildungseinrichtungen für Kraftfahrzeugmechaniker aufgebaut und geleitet hat.

Im Juli dieses Jahres wird er in Pension gehen und er beabsichtigt mit seiner Frau in seine Geburtsstadt Lingen an der Ems zurückzukehren, wo sie ein kleines Haus das ihre nennen. Der Mieter habe schon eingewilligt es zeitgerecht zu räumen, und so sehen die beiden, jedenfalls nach ihrer Meinung, einem problemlosen Ruhestand entgegen. Sie wollen, so versichert mir der Oberstabsfeldwebel, diesen auch ganz sicher außerhalb Afrikas verbringen.

Nun, ich habe da so meine Zweifel. Für gewöhnlich sind diese Leute, die oftmals fast ihr ganzes militärisches Leben in den Herausforderungen, aber auch in den Annehmlichkeiten einer Beratergruppe in Afrika verbracht haben, für das Leben in Deutschland nicht mehr geeignet.

Man ermesse allein einmal den klimatischen Unterschied zwischen irgend einem Ort in Westafrika und Lingen an der Ems! Das mag bei einem Heimaturlaub angenehm und gut zu ertragen sein, doch für immer?

Dazu stelle ich mir vor, wie sehr sich der Lebensstandard einer mit etwa doppeltem A10 Gehalt besoldeten und neben dem Gefühl eines überdimensionalen eigenen Stellenwerts an Hauspersonal und Bedienstete gewöhnten Familie von dem eines im Ruhestand befindlichen Oberstabsfeldwebels mit den entsprechenden Versorgungsbezügen ohne jegliche Zulage unterscheiden muss.

14

Aber ich sage ihm lieber nichts von meinen Zweifeln und bestärke ihn in der Annahme, dass sie das schon schaffen und sehr glücklich dabei sein werden.

Wir müssten uns eigentlich in den achtziger Jahren in Ouagadougou getroffen haben, wo er damals war. Er kennt auch den ehemaligen Hauptmann Haupt ganz gut, zu jener Zeit Leiter der Beratergruppe in Niger, später in Münster beim Infrastrukturstab und heute Oberstleutnant außer Dienst.

Diese Geschichte zeigt aber wieder einmal, wie klein doch unsere Welt ist und dass man sich immer wieder über den Weg läuft. Erwähnenswert scheint mir im Hinblick auf die vorhergehenden Gedankengänge dann doch noch, dass die Eheleute Haupt vor kurzer Zeit einen dreimonatigen Urlaubsaufenthalt in Westafrika gemacht und dabei auch die Familie dieses Oberstabsfeldwebels mehrere Tage besucht haben. Soweit zum Thema „Nie wieder!".

Bei der Nachflugkontrolle zeigt mir unser Wart *Ralf*, der Sohn eines inzwischen pensionierten Pilotenkameraden, dass der Überlaufbehälter am Hydraulikbehälter für den blau/gelben Kreis auf eine Höhe von sieben Zentimetern gefüllt ist.

Diese beiden Hydraulikkreise betätigen vornehmlich unsere Steuerorgane und eigentlich darf in den Überdruckbehälter nichts einlaufen, wenn alles in Ordnung ist.

Als Ursache für dieses starke Überlaufen definieren wir drei Möglichkeiten. Entweder ist das Überdruckventil undicht geworden oder die elektrisch betriebene „gelbe" Pumpe hat an der Trennstelle eine Undichtigkeit, die dann zu deren Ausfall führen könnte.

Als dritte Möglichkeit wäre noch eine innere Undichtigkeit im Hydraulikbehälter denkbar, die über einen mehr oder weniger längeren Zeitraum zum Flüssigkeitsverlust in diesen beiden wichtigen Hydraulikkreisen führen würde.

Sehr schnell steht fest, dass wir so nicht weiterfliegen können. Mein vorsichtig geäußerter Verdacht, die Unterschiede in den Temperaturen von fast minus zehn Grad in Landsberg zu hier immerhin plus 30 Grad könnten den Überlauf erzeugt haben, – wenn so ein Gedanke sich, wie bei mir in Rabat, erst einmal geformt hat, kommt er einem bei allen passenden und unpassenden Gelegenheiten halt wieder in den Kopf – wird von unseren Technikern weit von sich gewiesen.

Bei den in Rabat aufgefallenen Propellern hat sich übrigens der linke völlig abgedichtet, am rechten sind noch minimale und zu vertretende Ölspuren zu sehen. Wir werden diesen Propeller sorgsam weiter beobachten.

Also verbringen wir mehrere Stunden mit dem Versuch einer Analyse der Hydraulikstörung und prompt machen wir dabei auch Fehler.

Wir trennen zunächst die jeweilige Leitung für die einzelnen möglichen Störstellen vom Überlaufbehälter. Dann betreiben wir das jeweilige System, um herauszufinden, woher die Hydraulikflüssigkeit kommt.

Beim Einschalten der Gelben Pumpe macht diese nach kurzer Zeit ein fürchterlich kreischendes Geräusch und lenkt unseren Verdacht in diese Richtung. Dass wir uns damit die Batterien nahezu leer fahren, bemerken wir gar nicht.

Wir beschließen nunmehr, die vor Ort befindliche französische Transall-Technik zu fragen, ob sie eine Gelbe Pumpe vorrätig haben, die sie uns, sofern das deutsche Vorschriftenwesen das so erlaubt, auch im Austausch gegen unsere einbauen könnten. Natürlich ist um diese Zeit kein Techniker der Franzosen mehr im Dienst und vor Ort, so dass wir uns für den nächsten Morgen zu einer ausführlichen Diagnose wieder einfinden wollen.

Ich bitte das Lufttransportkommando bei der Benachrichtigung über die Störung, am nächsten Morgen auch gleich die Möglichkeiten des Einsatzes der französischen Techniker zu prüfen. In meinem Hinterkopf hat eine Glocke geklingelt, dass unter den unzähligen Informationen, die wir in den letzten

16

Jahren bekommen haben, auch eine deutsch-französische Vereinbarung über technische Hilfeleistungen – und deren Grenzen – angesprochen war. Den detaillierten Inhalt hat natürlich kein Kommandant im Kopf, doch die Kommunikation nach Hause funktioniert ja und dort liegen die notwendigen Unterlagen vor.

Mit mehrstündiger Verzögerung verlassen wir dann endlich den Flugplatz in Richtung Hotel. Der Leiter der Beratergruppe im Senegal, Oberstleutnant R., hat einige Mühe, seine Frau und die anderen Angehörigen der Beratergruppe, die sich mit uns zum Essen treffen wollen, davon zu überzeugen, dass wir so schnell, wie ursprünglich geplant, nun nicht zum Restaurant kommen werden. Mir scheint, er hat sich am Telefon einige sehr unfreundliche Worte von seiner Frau anhören müssen.

Diese schlechte Laune der Ehefrau bekommt allerdings durch den Umstand, dass uns die Beratergruppe sehr wohl ein Fax mit persönlichen Bestellwünschen geschickt hat, wir aber weder die ursprüngliche Ladung noch die gewünschten Mitbringsel dabei haben, zusätzliche Nahrung. Einer der Unteroffiziere zeigt mir das an den Gefechtsstand unseres Geschwaders adressierte Fax, doch ich habe es wirklich nie zu Gesicht bekommen.

Ob auch mein Ladungsmeister, wie er behauptet, gar nichts davon wusste, und tatsächlich der im Gefechtsstand tätige Ladungsmeister es entweder nicht bekommen oder nicht weitergegeben hat, will ich mir im Sinne eines in der Besatzung vermeidbaren Streites nicht ausmalen. Fest steht aber für mich, dass unser lieber Heinz den von mir ja ausdrücklich erbetenen Anruf in Dakar ganz sicher nicht getätigt hat, auch wenn er mir gegenüber das Gegenteil behauptet hatte. Eine Feststellung, die mein Verhältnis zu ihm ein wenig eintrübt – schade!

Zum Jubeln bringt uns dagegen die Hotelanlage, zu der wir im Auto etwa zwanzig Minuten fahren müssen.
Das „LE MERIDIEN PRESIDENT" ist ein sternförmig gebauter Riesenkomplex mit einem eigenen Tagungszentrum, einer

17

ellenlangen, durch ein bewachtes Tor gesicherten Auffahrt und einer mehr als großzügigen Poollandschaft mit eigenem Restaurationsbetrieb.

Die Lobby ist ein eigener Bereich, sehr großzügig angelegt, mit kleinen Boutiquen und senegalesischen Großgemälden an allen Wänden,. Sie geht von der als Rotunde um ein offenes, rundes Atrium gebauten Eingangshalle, deren Boden aus hellem Marmor besteht, zwischen den Fahrstuhlanlagen ab.

Große, etwa einen Meter hohe Amphoren aus Terrakotta, in den sinnesfrohen senegalesischen Farben bemalt, dekorieren diese Halle ebenso, wie die Ansammlung tropischer Pflanzen mit senegalesischen Kunstgegenständen auf dem Boden des Atriums und die bunten Tücher, die von den Galerien herunterhängen.

Von diesen Galerien in den sechs Stockwerken gelangt man dann in die sternförmig ausgerichteten Korridore, an denen die Zimmer liegen.

Das Einchecken läuft wie geschmiert und die uns zugewiesenen Zimmer hauen uns regelrecht um. Jeder hat eine Suite bekommen.

Ein Schlafraum von etwa sechseinhalb auf sechs Meter mit einem Doppelbett, auf dem leicht vier Erwachsene schlafen können, ein anschließender Ankleideraum mit dahinter gelegenem Badezimmer (Wanne, Dusche, Doppelwaschtisch, WC und Bidet), ein zweiter Toilettenraum mit WC, Bidet und Doppelwaschbecken, eine kleine Teeküche und ein Salon bieten uns Raum ohne Ende.

Der Salon ist mit einem viersitzigen Konferenztisch, einer Ledercouch und einer Garnitur lederner Sessel möbliert. Natürlich steht hier ein zusätzlichen Fernseher zu dem im Schlafzimmer ohnehin vorhandenen.

Selbstverständlich gibt es Telefonanschlüsse im Salon, in den Bädern und im Schlafzimmer, das neben dem Doppelbett auch noch einen Schreibtisch und eine zweiteilige Sitzgruppe an einem Rauchtisch aufweist.

18

Im Salon des Bordmechanikers *Stefan* genehmigen wir uns den traditionellen „After Landing Check" in Form einer Flasche Whiskey mit „7 Up" aus Dosen und besprechen dabei, wie wir morgen weiter verfahren wollen.

Zwei Unteroffiziere der Beratergruppe sind noch bei uns. Auch sie wollen wissen, wie es nun weitergehen soll. Aber sie drängen auch in Richtung Abendessen, denn inzwischen ist es schon nach 21 Uhr Ortszeit und das wird dann auch in frankophonen Ländern allmählich spät für einen Restaurantbesuch. Also fallen die „drei großen S" (Shit, Shower, Shave) dieses Mal knapp aus. Noch mehr wollen wir die wartenden Ehefrauen nicht verärgern.

Auf der überdachten Terrasse eines Spezialitätenrestaurants unter französischer Leitung, das in knapp fünfminütiger Fußentfernung vom Hotel – wir werden dennoch im Auto hingebracht – am westlichsten Punkt Afrikas liegt, genießen wir eine ausgezeichnete Küche zu einem unvorstellbar günstigen Preis.

Die Fischgerichte werden uns besonders empfohlen, und so wagen Doktor *Gerd* und ich uns zur Vorspeise an die „Plateau de Poisson". Sie beschert uns einen Riesengamba, einen Hummerkopf mit Scheren, eine undefinierbare aber umso besser schmeckende Pâté und hauchdünn geschnittene Fischfleischscheiben, wovon eine den typischen Geschmack geräucherten Aals hat.

Zum Hauptgang gibt es einen Spieß mit Lotte (Seeteufel), von dem ich erfahre, dass die Senegalesen diesen so überaus schmackhaften Fisch wegen seines hässlichen Aussehens eher missachten.

Wir trinken einen „Fiche blanc", einen in Flaschen servierten weißen Hauswein namens „Bon Bouquet" dazu, der überraschend gut schmeckt und die Fischgerichte gut abrundet.

Donnerstag, 20. Februar 2003

An diesem Tag haben wir ja nun unerwartet Zeit, das heißt natürlich nicht alle! Während Bordtechniker und Wart mit mir auf den Platz zur eingehenderen Diagnose fahren, verbringen die anderen drei die Zeit am Pool des Hotels – und holen sich alle drei einen gewaltigen Sonnenbrand.

Mein privater Schwerpunkt an diesem Tag ist ein ganz anderer: ich muss unbedingt meinen Sohn Benedikt erreichen, der heute sein zwanzigstes Jahr vollendet. Doch das hat erst am späten Nachmittag oder frühen Abend Sinn, in Deutschland ist es ja eine Stunde später als in Dakar und mein Sohn längst in der Schule, als sein Vater sich endlich aus dem Bett erhebt.

Unter Zuhilfenahme der Franzosen gelingt uns dann bald eine bessere Diagnose als gestern Abend: Nicht die Gelbe Pumpe ist defekt, sondern wohl eher das 5–bar–Überdruckventil auf dem Hydraulikbehälter.

Wir überlegen schon, damit weiterzufliegen, doch die Prüfer in Penzing insistieren in die Reparatur des Ventils. Laut Vorschrift ist „kein Tropfen" Leckage zulässig. Sie wollen uns ein Ventil mit UPS schicken, das dann morgen hier eintreffen könnte, denn die französischen Techniker haben auch keines auf Lager.

Wir befürchten jedoch, dass die Lieferung von UPS zunächst im senegalesischen Zoll verschwindet, aus dem wir sie vor Montag keinesfalls herausbekommen werden.

Dass die Reparaturarbeiten selber von den Franzosen gemacht und abgenommen werden können, ist mittlerweile vom Lufttransportkommando geklärt und vereinfacht die möglichen Lösungen erheblich.

Inzwischen bieten die Franzosen an, mit einer morgen gegen 17 Uhr 30 aus Orleans eintreffenden französischen Transall ein Überdruckventil aus ihren Beständen mitzuschicken und es uns gleich nach Eintreffen einzubauen. Damit könnten wir dann am Freitag unseren Auftrag fortsetzen.

Ich bevorzuge die „französische Lösung", der Einsatzführer im Lufttransportkommando stimmt mir zu, und aus Frankreich wird gegen 16 Uhr Ortszeit nach Dakar bestätigt, dass das Teil an Bord sein wird und damit das Unterstützungsverfahren gemäß „Memorandum of Understanding" ablaufen kann.

Bemerkenswert, wie viel Bürokratie auch in Frankreich für so einen einfachen Vorgang von Nöten ist. Der Adjutant Major in Dakar telefoniert sich für uns die Finger wund. Allerdings hatte das mit der Störung und den daran hängenden bürokratischen Forderungen wohl weniger zu tun. In Orleans wurden erst kürzlich alle Telefonnummern geändert und es bedarf einiger Anrufe bei France Telecom, um die neuen Nummern überhaupt zu erfahren.

So einfach die Lösung nun klingt, für mich wirft sie ein neues Problem auf. Das resultiert aus den Bestimmungen zu den Flugdienst– und Ruhezeiten, genauer zur erlaubten Länge einer Flugdienstperiode.

Unser Copilot war am Montag geflogen, alle anderen hatten nur Flugvorbereitungen gemacht. Dennoch ist der Tag nun für die gesamte Besatzung als Flugdiensttag einzuordnen und wir müssen spätestens nach sieben Tagen einen freien Tag ohne dienstliche Verpflichtungen einlegen.

Der unerwartete Stehtag in Dakar am heutigen Donnerstag kann nicht gezählt werden, da der Bordtechniker, der Wart und ich als Kommandant zur Diagnose der Störung am Flugzeug im Dienst waren. Für den zweiten Tag, an dem abends ja unser Ersatzteil ankommen und eingebaut werden soll, entscheide ich daher, dass nur der Wart und ich zum Flugplatz hinaus fahren.

Für den Wart gilt meines Erachtens die Vorschrift über die erlaubte Flugdienstzeit nicht so bindend wie für den Rest der Crew. Sinn der Regelung ist schließlich, dass eine Besatzung den Flug ausgeruht durchführen kann, dem Wart kommen aber während des Fluges keine Aufgaben zu. Allerdings ist es eher ein heikles Unterfangen, Warte, die aus der Technischen Gruppe für je einen Flugeinsatz zur Besatzung stoßen, als dieser nicht vollwertig zugehörig zu bezeichnen.

Das berührt ihr Selbstwertempfinden und stünde mit großer Sicherheit gegen das „Wir–Gefühl", das ein „Team" für die Durchführung eines Flugeinsatzes wie diesen benötigt. Aus diesen Überlegungen haben unsere Vorschriften diese Unsicherheit auch niemals ausgeräumt. Mir ist das bekannt, da ich einen guten Teil meines militärischen Dienstes mit dem Erstellen dieser Vorschriften verbracht habe und um die entsprechenden Diskussionen bei den Entscheidungsträgern weiß.

Für mich selbst entscheide ich, an diesem Tag zwar keinen Dienst zu machen, dass mir aber niemand vorschreiben könne, wo und in welchem Anzug ich meine Freizeit verbringe. Mit diesem, zugegebener Maßen nicht ganz sauberen Trick können wir alle am Samstag eine neue Flugdienstperiode bei Null anfangen, denn wir haben dann eine Ruhezeit von mehr als 36 Stunden gehabt. Wir könnten anschließend also ohne einen weiteren erforderlichen Stehtag bis Mittwoch Abend nach Hause fliegen. Das verlängert den gesamten Einsatz um 24 Stunden und das hört sich gut für mich an.

Ganz so glücklich und einfach ist die tatsächliche technische Lage aber eigentlich nicht:
Schon in Rabat waren ja auf beiden Propellern Ölspuren zu finden gewesen, doch konnte man das noch mit den Temperaturunterschieden „sehr kalt" zu „sehr warm" erklären, und tatsächliche Ölundichtigkeit gleich an beiden Propellern war mir ohnehin mehr als zweifelhaft erschienen.
Nach dem Standlauf zur Diagnose der Hydraulikstörung bleibt der linke Propeller nun auch schön sauber, doch der rechte zeigt immer noch ein paar Spuren, die Anlass zur Sorge – aber nicht mehr – geben. Mal sehen, was daraus noch wird.

Dem Leiter der Beratergruppe käme die Notwendigkeit eines Propellerwechsels in Dakar ganz recht, es müsste dann ja eine Transall von Landsberg kommen und die könnte natürlich das für seine Beratergruppe bestimmte Material, das wir ja aus Gewichtsgründen hatten stehen lassen, gleich mitbringen. Schließlich vermutet er in diesem Material auch die Ersatzteile für sein Privatauto, auf die er nun schon ein Vierteljahr wartet.

Schließlich war es doch ein langer Tag, den wir an unserer Maschine und bei den französischen Kameraden verbrachten. So steht uns abends kaum der Sinn danach, ein anderes Restaurant als das, von dem wir gestern so angetan waren, auszuprobieren.

Das morgige Warten auf unser Ersatzteil wollen wir zu einem Abstecher ins Land nutzen. Begleiten soll uns Oberfeldwebel S., der zwar noch neu im Land ist, dem es aber doch gelang, Verlängerungsverhandlungen mit dem Hotel zu dem von uns gewünschten Ergebnis zu bringen: Wir können in den bisher genutzten Räumen bleiben. Wie wohl die meisten von uns wissen, wahrlich keine Selbstverständlichkeit!

Nachträglich erscheint mir erwähnenswert, dass dieser junge Unteroffizier uns in den nächsten Tagen am Abend beinahe selbstverständlich mit Nachrichten aus dem Internet versorgt, bei den Senegalesen jedoch nur bedingt hilfreich ist. Das ist keineswegs negativ gemeint, drückt eher die Beobachtung aus, dass die älteren Unteroffiziere genau da über mehr Erfahrung verfügen, während der junge Oberfeldwebel offenbar über bessere Kommunikationskontakte – auch zum übrigens europäischen Hotelmanagement (vielleicht sind die aber auch eher persönlicher Natur?) – verfügt.

Ich selber habe noch ein ganz lustiges Erlebnis mit einem jungen Senegalesen, als wir zu Fuß die paar Minuten zum Restaurant gehen. Er kommt mir auf der Straße, wo die anderen einige Meter voraus sind, entgegen, spricht mich in erstaunlich gutem Englisch an und fragt, woher wir denn seien. Oh ja, das freue ihn, dass wir aus Deutschland sind!
Er fragt nach meinem Namen, entbietet mir mit freundlichem Lächeln ein „Gutten Tack" und fällt dann verzugslos wieder ins Englische. Er kenne, sagt er, Hamburg und möchte wissen, woher in Deutschland wir kommen. Mit München, Bavaria, kann er wohl etwas anfangen.

Plötzlich faltet er zwei am Straßenrand gepflückte Blätter, drückt sie mir mit dem Hinweis, sie würden Glück bringen, in die Hand und nötigt mich zum Einstecken.

Dabei erzählt er, dass er gerade Vater geworden sei, was ich prompt mit meinen besten Glückwünschen für ihn und Segenswünschen für sein Kind quittiere. Morgen, erfahre ich, komme seine zahlreiche Verwandtschaft, etwa 45 Leute, zu dem Geburtsfest angereist. Die Erzählung geht so vonstatten, dass ich befürchte, er wolle uns zu diesem Fest einladen. Ich überlege, wie ich, ohne ihn zu brüskieren, ablehnen kann.

Nun, ich brauche keine Einladung abzulehnen, doch muss ich ihm klar machen, dass ich ihm leider keinen einzigen, erst recht keinen angemessenen Betrag „für den Kuskus" des Babys geben kann, auch wenn er mir noch so oft beteuert, selbst ein einzelner Euro wäre schon viel Kuskus für seinen Sohn. Schließlich kann ich ihn aber doch überzeugen, dass ich nur eine Kreditkarte bei mir führe und die ihm nun ganz und gar nicht hilfreich ist. So lässt er sich schließlich mit dem Versprechen, eventuell nach dem Essen etwas Geld für ihn zu haben, abschütteln.

Auch wenn das Ganze eine besonders raffiniert angelegte Art des Bettelns gewesen sein sollte, so fand ich die Unterhaltung doch recht amüsant, und hätte ich kleineres Bargeld als einen 10€ Schein bei mir gehabt, hätte ich ihn schon für diese Unterhaltung bezahlen mögen. Doch wir sollten uns noch wiedersehen.

Freitag, 21. Februar 2003

Am nächsten Morgen übernimmt Hauptfeldwebel S. den ersten Teil unsere Betreuung, ein alterfahrener Afrikakämpe, der schon in diversen Beratergruppen Westafrikas tätig war.
Er lädt uns zu einem afro–europäischen Frühstück bei sich zu Hause, wo seine Frau uns mit selbstgemachter Marmelade aus Mango und Bananen ebenso verwöhnt wie mit Graubrot aus der eigenen Backstube und deutschem Kaffee.

Sie ist in vielerlei anderer Hinsicht, so erfahre ich später von ihrem Mann, ebenfalls eine überraschende Frau. Die Modedesignerin handelt schlimmer als ein Levantiner und malt verblüffend gute senegalesische Bilder in höchst angenehmen

24

Farbkompositionen und in der typischen impressionistischen Art. Die Bilder erinnern mich etwas an diesen – ach, wie heißt er noch – französischen Maler, der in die Südsee ging und dort die naive Malerei so herrlich umgesetzt hat.

Die Bananenstauden im Garten der Familie geben uns nicht nur Anlass zum Staunen, sondern auch Gelegenheit, per Telefon den Leiter der Beratergruppe zu frotzeln, dem die Bananenpflanzen zu seinem höchsten Ärger leider nicht gedeihen.

Der befindet sich übrigens auf einer zweitägigen Inspektionsreise zu einer Bohrstelle weit im Inneren des Landes, zu der er den Doktor und mich eingeladen hatte, ihn zu begleiten. Leider sah ich ganz und gar keine Möglichkeit, dieser Einladung zu folgen. Meine technisch versierten Besatzungsangehörigen mit der Diagnose und Reparatur alleine zu lassen, hätte doch mein Verständnis von der Rolle eines Kommandanten weit verfehlt.

Hauptfeldwebel S., am Klang seiner Aussprache leicht als Allgäuer erkennbar, hat auch, nachdem ich zwei Tage zuvor beim Oberstabsfeldwebel mal vorsichtig nach einem Stück Tropenholz für Rainer Nowak gefragt hatte, ein solches Stück „Venenholz" bei einem einheimischen Bildhauer zum Preis von 12 € für mich besorgt.

Er zeigt mir Schnitzwerke aus diesem im Kern ziemlich roten, im äußeren Bereich hellen, mit dunkelbrauner bis schwarzer Maserungszeichnung versehenen Holz. Sie sehen sehr schön aus und obendrein riechen sie auch noch gut. Ich denke, daran wird Rainer seine helle Freude haben und ich habe allen Anlass, ihm einmal etwas zu schenken.

Wir machen eine kurze Stadtrundfahrt, bei der uns die wichtigsten „Sehenswürdigkeiten" – dazu gehören auch Häuser in unglaublichem architektonischen Baustil – gezeigt werden. Bei der Umrundung eines mitten auf der Straße gewachsenen Affenbrotbaumes werden wir darauf hingewiesen, dass dieser Baum ein „großer Betrüger" sei. Man kann aus diesem gewaltigen Baum in Folge seines Innenlebens nicht ein einziges Brett schneiden!

Eigentlich aber fahren wir nach außerhalb, an den „Lac Rosé", wo die Rallye „Paris – Dakar" regelmäßig endet. Als unsere Fremdenführer das erwähnen, fällt mir natürlich gleich der Spruch ein „Sydney Rom ist mir wesentlich lieber!", und ich gebe ihn, fast schon reflexartig, von mir. Solche Reflexhandlungen sind nicht unbedingt etwas, worauf ich stolz wäre. Doch die uns begleitenden Berater hatten das noch nicht gehört und fanden es ganz amüsant.

Dieser „Lac Rosé" hat tatsächlich rosa gefärbtes Wasser, sein Salzgehalt soll höher sein als der des Toten Meeres, und er wird zur Salzgewinnung genutzt.

Die Einheimischen fahren in Nachen hinaus, stellen sich dann bis zum Hals in die Salzlake (tiefer ist der See nicht) und schaufeln das Salz–Sand–Gemisch mit eigens konstruierten Schaufeln in ihre Nachen, bis diese fast untergehen. Nach Auskunft unseres Fremdenführers ist die Lake höchst ungesund für die Haut und selbst die Schutzanzüge helfen nur bedingt, doch das hält hier niemanden ab.

Am Ufer wird das Erbeutete zu Salzhügeln und –bergen aufgetürmt. Offensichtlich hat jeder Salzfischer seinen eigenen Hügel, wobei es durchaus sein kann, dass Clans, Familien oder sonstige Gemeinschaften in eine Tasche, das heißt auf einen Haufen wirtschaften.

Die Konsistenz der Hügel ist dabei durchaus unterschiedlich, sie reicht von Stellen mit reinem grob– oder feinkörnigem Salz zu offensichtlich stark mit Sand vermischten – genauer gesagt „so aussehenden" – Haufen. An und aus diesen Bergen füllen andere Arbeiter das Salz in Säcke, die mit Lastkraftwagen zur industriellen Aufbereitung weitergebracht werden.

Ein bleibender Eindruck, dieser rötlichfarbene See. Die Wege, die man zunächst für sandig hält, bestehen tatsächlich aus Myriaden von weißen Muschelschalen. Angeblich stand der See früher viel höher und hatte auch noch keinen so hochkonzentrierten Salzgehalt. Wie lange es ihn dann wohl überhaupt noch geben wird?

Nach der Exkursion wollen ein paar von uns noch Trommeln kaufen. Wir anderen bleiben im Hotel und suchen etwas „klimatisierte Erholung mit Pool".

Sie kommen tatsächlich mit vier Trommeln zurück und als ich diese beim Reparieren des Flugzeuges einlade und ausprobiere, kommt mir die Idee in den Kopf, meine beiden kleinen Musikanten zu Hause könnten an so einer Trommel viel Freude finden, und überhaupt wollte ja meine geliebte Frau auch schon immer trommeln.

Hauptfeldwebel S. fährt tatsächlich los und besorgt mir noch die letzte, die bei diesem Hersteller zu haben war. Sie kostet sage und schreibe siebeneinhalb Euro! Ich gebe ihm gerne zehn, die er auch nimmt, da er nicht herausgeben kann.

Ach ja, das Fell ist mit 25 kN Bruchband verspannt und davon kann man in Altenstadt durchaus hinreichend bekommen, wenn die Spannung einmal kaputt gehen sollte.

Ansonsten bietet der Hauptfeldwebel an, die Trommel mit dem nächsten Flieger nach Dakar zu geben, falls das Fell reißen oder sonst ein Defekt auftreten sollte. Der Händler tausche sie im Rahmen einer lebenslangen Garantie kostenlos um. Na ja, ich denke, das gilt solange, wie dieser Händler und dieser Hauptfeldwebel Geschäfte miteinander machen.

Abends dann ein weiteres Lokal mit der Ankündigung eines besonderen Flair: das „Maison Créole". Angeblich soll die Frau des Besitzers eine Kreolin sein. Ich freue mich auf und teste die kreolische Küche.

Die Fischsuppe ist tomatig rot und von durchaus superbem Geschmack, doch die Fischmengen darin lassen zu wünschen übrig. Nicht schlecht, reißt aber nicht vom Hocker.

Als Hauptgericht dann ein „Potee Grand Mère" mit Kohl, Würstchen, „tailleur" (?) vom Schwein. Das von mir vermutete „Seitenteil vom Schwein" entpuppt sich als Eisbein, bei dem Fett und Haut überwiegen. Das Würstchen ist nur ein halbes und am ehesten einer Nürnberger Bratwurst vergleichbar. Schmeckt nicht schlecht, auch die beiliegenden Scheiben Süßkartoffeln nicht, doch ich bin schnell satt und bedauere auch nicht, mehr als sonst bei mir üblich stehen zu lassen. Der „Fiche vin rouge" ist ein Allerweltswein. Doch bei diesen Preisen kann man eh nicht meckern, pro Person etwa 25 € (pour toutes)!

Schön, anregend und erträglich ist es in Dakar. So sind wir nicht böse, dass wir nach dem geänderten Routenplan nicht in Conakry, sondern wieder in Dakar übernachten werden. Auch wenn die Reservierung von Räumen im „Le Meridien" nicht ganz so reibungslos vonstatten geht, bin ich mir doch sicher, dass die Beratergruppe das ganz souverän meistern wird. Diesen Eindruck haben sie bei uns hinterlassen.

Der geänderte Routenplan ist ein Ding für sich. Weder dem Lufttransportkommando, das den Einsatz vorbereitet, ihn anordnet und führt, noch dem Geschwader oder gar der Besatzung war bekannt, dass unsere Ladung für Conakry eine Terminsache ist. Das Material, das wir nach Guinea bringen sollen, ist nämlich eine Nachlieferung der an sich beendeten Ausrüstungshilfe. Die Beratergruppe in Guinea existiert nicht mehr.

Da auch im diplomatischen Bereich kein Grund zum Feiern, für eine große Geste und die entsprechende Berichterstattung in den Medien ausgelassen wird, sollte diese Lieferung mit großem Bahnhof von Offiziellen der Bundesrepublik an die Armee Guineas übergeben werden. Unser Botschafter würde diesen formellen Akt am Flugplatz vollziehen und aus Bonn war eigens der zuständige Beamte des Ministeriums angereist.

Unserer ursprünglichen Zeitplanung entsprechend, war diese Veranstaltung für Samstag, den 22. Februar, vorgesehen. Danach würden weder der Beamte des Ministeriums noch der deutsche Botschafter verfügbar sein.

Ich erfahre davon in einem Gespräch mit dem Leiter der Beratergruppe im Senegal, der offensichtlich in regem telefonischen Austausch mit seinen Kollegen in ganz Westafrika steht und um diese Umstände wusste.

Also hatte ich dem Einsatzführer im Lufttransportkommando bei unserem gestrigen Telefonat schon vorgeschlagen, morgen zunächst südwärts nach Conakry und von dort ostwärts nach Ouagadougou zu fliegen. Er hatte nicht nur zugestimmt, als ich ihm die Hintergründe dieses Begehrens schilderte, er hatte auch zugesichert, sich um diplomatische Überflugerlaubnisse für Gambia und Guinea–Bissau zu kümmern. Beide Staaten würden auf dem direkten Weg unter uns liegen.

Das englisch dominierte, quasi nur die Mündung des Flusses Senegal umschließende Gambia, diesen engen Wurm auf der Karte, würden wir zwar in wenigen Minuten überflogen haben, und der Aufdruck auf den Flugkarten wies darauf hin, dass wir auch mit keiner Stelle dieses Staates Sprechfunkkontakt haben würden.

Anders Bissau. In größeren Höhen hatte zwar auch die Flugsicherungsstelle in Dakar die Kontrolle, doch in der für uns üblichen Flughöhe war mit Kontakt zu Bissau-Control zu rechnen. So hatte ich vorsorglich überprüft, ob wir eine Streckenführung über die offene See oder, falls auch das nicht möglich sein sollte, eine Landstrecke unter östlicher Umgehung dieser beiden Staaten bewältigen könnten. Beide Lösungen waren möglich, der zeitliche Mehraufwand lag zwischen fünfzehn und dreißig Minuten.

Eine erteilte Überfluggenehmigung – für den geplanten Flug am 24. Februar in entgegengesetzter Richtung war sie uns ja wohl erteilt worden, auch wenn sich in unseren Unterlagen keine entsprechende Freigabenummer befand – wäre dennoch die schnellste Lösung.

In der Folge hatten wir dann abgesprochen, von Accra direkt bis Dakar zu fliegen, was sich von der Flugzeit her machen ließ. Das uns so angenehm aufgefallene Hotel in Dakar und die dort erlebten angenehmen klimatischen Bedingungen hatten mir diesen Vorschlag in Verbindung mit den Erzählungen anderer Crews über die Verhältnisse in Conakry leicht gemacht und bei keinem Besatzungsangehörigen zu Widerspruch geführt.

Samstag, 22. Februar 2003

So gut es uns in Dakar gefallen hat, wir sind nicht böse, dass es endlich weitergeht. Auschecken aus dem Hotel, wie verabredet um kurz nach sieben Uhr, und der Doktor ist nicht unten. Ein Anruf in seinem Zimmer ergibt, dass der bestellte „wake–up–call" nicht funktioniert hat.

Das Hotel hat nämlich zwei Varianten im Angebot: entweder eine mündliche Bestellung über die Kurzwahl „1", so am Telefon auf einem Anhänger zu lesen, oder über eine längere Vorwahl die Programmierung eines Automaten, so in der ausführlicheren Informationsbroschüre neben dem Telefon beschrieben.

Ich hatte den Automaten genommen und das hat funktioniert. Der Doktor hatte die Kurzwahl vorgezogen und das hat nicht geklappt.

Nun ist das wahrlich kein Beinbruch, wir haben ihn ja rechtzeitig wach bekommen und benötigen wir ihn ja für die Flugvorbereitungsarbeiten noch nicht. Er wird also von Hauptfeldwebel Simon, der uns auch heute zum Abflug betreut, abgeholt werden, wenn wir auf dem Flugplatz sind.

Technische Vorflugkontrolle, alles in Ordnung. Abfertigung mit Hilfe der Franzosen recht problemlos, auch wenn der Flughafen von uns nun plötzlich Bargeld für die Gebühren sehen will. Später wird sich herausstellen, dass diese Zahlung absolut unnötig gewesen wäre, wenn die Franzosen ein entsprechendes Papier ausgestellt hätten, was sie aber einfach vergessen haben. Ihr schlechtes Gewissen soll uns bei unserer Rückkehr nach Dakar noch zugute kommen.

Jetzt lesen wir die Checkliste, arbeiten Punkt für Punkt in aller Ruhe und Gelassenheit ab. Erstmalige Überprüfung der Flugüberwachungsinstrumente vor dem Anlassen der Triebwerke: alles in Ordnung. Nachdem beide Triebwerke laufen, werden unmittelbar vor der Überprüfung der Navigationsausrüstung die Instrumente noch einmal abgefragt, – und mein VSI ist plötzlich schwarz!

Meine erste Reaktion, im Kopf gedacht und halblaut vor mich hin gesprochen, ist „Das ist aber jetzt nicht wahr!".

Es handelt sich um das Instrument, auf dem ich die jeweils anliegende Rate des Steigens oder Sinkens ablesen kann. Auch die Anzeigen des Kollisionswarnsystems sind in dieses Anzeigefeld integriert.

Das Umlegen des Fehlerschalters, womit ich mir die Anzeige vom Copiloten auf mein Instrument holen könnte, zeigt keinen Erfolg. Ein irgendwie gearteter Defekt an dem einem Fernsehmonitor technisch ähnlichen Anzeigegerät ist also sehr wahrscheinlich.

Was aber genau bedeutet das nun für die Funktion unserer Flugregelanlagen? Und wie sehr wird durch diesen Ausfall die sichere Flugdurchführung beeinträchtigt?

Also die Vorschrift herausgeholt, die uns Auskunft gibt, ob und unter welchen Bedingungen wir an fremden Plätzen mit welchen Fehlern starten dürfen, allgemein „Go–noGo" genannt. Die weist aus, dass unter diesen Umständen ein Weiterflug am Tage unter Sichtflugbedingungen möglich ist.

Allerdings ist zu vermuten, dass wir den Autopiloten 1 nicht nutzen können, weil der seine Signale von diesem Instrument bekommt. Niemand an Bord kann exakt sagen, wo in dem Instrument denn nun genau die Signale für den Autopiloten abgehen und ob diese Signale nicht wegen des reinen Ausfalls der Anzeige doch zur Verfügung stehen.

Später gibt einfaches Ausprobieren unserer Vermutung Recht: Wenn mit Autopilot geflogen werden soll, dann nur durch den Copiloten. Er dressiert den Autopiloten 2.

Entsprechend der vorhandenen Wetterinformationen sehen wir kein Problem für die nächsten Teile der geplanten Flugstrecken. Wir müssten problemlos bis Gran Canaria, ja wahrscheinlich sogar bis mindestens Südspanien unter Sichtflugbedingungen bleiben können, mit einer Ausnahme:

Nördlich von Accra steht die Intertropische Konvergenzlinie (ITC), an der es zu starken Kumuluswolken bis zu Gewittern kommen kann, und südlich Accra, über dem Meer, weist die Sigmet–Karte, auf der alle signifikanten Wettererscheinungen dargestellt sind, Gewitterbewölkung bis in die Flugfläche 450 aus. Ob wir also unter Beibehaltung von Sichtflugbedingungen in Accra werden landen können, ist nicht sicher – aber auch nicht unmöglich.

So entschließe ich mich zunächst zum Weiterflug. Heute Abend, wenn ich von Ouagadougou aus wieder mit dem Lufttransportkommando telefonieren werde, können wir uns Gedanken über die am wenigsten aufwändige Lösung machen.

Das Anzeigeinstrument dürfte ja wohl schnell zu wechseln sein und wenn man das, rechtzeitig vorgeplant, bei unserer beabsichtigten Übernachtung auf Gran Canaria machen würde, sollten wir eigentlich ohne weitere Verzögerungen nach Hause kommen können. Wer weiß, vielleicht erlaubt die Wetterlage dann ja sogar ohne Reparatur den Heimflug unter den notwendigen Bedingungen? Das vermag wohl heute noch kein Wetterfrosch zuverlässig vorauszusagen.

Die Flugsicherung gibt uns eine Freigabe auf dem im Flugplan angegebenen direkten Weg nach Süden. Wie erwartet sprechen wir nicht mit irgendeiner Stelle in Gambia und beim Funkkontakt mit Guinea–Bissau interessiert sich niemand für eine diplomatische Freigabenummer.

Inzwischen haben wir uns auch an das Verfahren des Verkehrsreports auf der Frequenz 126.9 MHz, bei dem sich die Piloten der in diesen Teilstrichen der Erde verkehrenden Flugzeuge gegenseitig über ihre Position und Flugrichtung informieren, gewöhnt.

In trauriger Erinnerung an den Flugunfall der Tupolew von der Flugbereitschaft geben wir diesen Report lieber auch dort ab, wo er eigentlich wegen der vorherrschenden Flugkontrolle durch die Bodenstellen nicht verlangt ist. Allerdings ist nur ganz selten mal ein Flugzeug in unserer Flughöhe, die meisten bewegen sich gut vier Kilometer höher.

Unsere Flughöhe macht auch im Funksprechverkehr hin und wieder Probleme. Die Verbindung im UKW–Band (VHF), wo die normalen Frequenzen für die Kommunikation mit den Kontrollstellen liegen, gelingt oftmals nicht, und wir müssen auf die Kurzwelle, auf der nun jeder mit jedem spricht, ausweichen. Erst wenn wir wieder in die Nähe der Flugplätze kommen, stehen auch die wesentlich angenehmeren VHF–Frequenzen wieder zur Verfügung.

In CONAKRY ist es heiß und schwül. Die Temperatur beträgt 28°C und die relative Luftfeuchte 85 %, was sich, folgt man der kanadischen Tabelle für Humidex, wie 40°C anfühlt.

Der Kontrollturm weist uns die militärische Abstellfläche zu. Dort empfangen uns der leibhaftige Chef d´ Etat Major und der deutsche Botschafter höchstpersönlich, begleitet von einer Ehrenformation des Militärs mit Trompeter. Der guineischer Zweisternegeneral zeigt eine beeindruckenden Leibesfülle und eine finstere Miene. Er wird von allen Offizieren seines Generalstabes, etwa zwölf an der Zahl im Dienstgrad Oberst und darunter, begleitet.

Direkt nach dem Entladen soll das Ausrüstungshilfsgut vom Botschafter an die Armee übergeben werden.

Neben dem militärischen TV–Berichterstatter und dem offiziellen Sprecher der Regierung, einem Major, der hier die Aufgabe des Fotografierens übernimmt, ist wohl auch das staatliche Fernsehen erschienen und bannt alle Ereignisse in die Kamera. Mir fällt der Kameramann auf, weil er immer dabei ist und drauf hält, wenn ich mir einen Gesprächspartner suche, sei es der Botschafter, der General oder der ehemals hiesige und heute eigentlich in Mauretanien wirkende Leiter der Beratergruppe. Dieser Oberstleutnant erinnert mich in Aussehen und Auftreten sehr stark an Bernd Kafka, einen Kameraden aus Altenstadt.

Da wir ja eigentlich für eine andere Route geladen haben, müssen erst die Ladungen für Ouagadougou, Abuja und Accra raus, ehe die zwei Paletten für Conakry den Bauch der

Transall verlassen können. Diese Gebinde werden gebrochen und die Einzelteile auf einen Tieflader gehoben, was Gelegenheit gibt, die auf den Paletten dominant vorhandenen zwei Kästen bayerischen Biers im Auto des Botschafters, für den sie ja auch bestimmt waren, verschwinden zu lassen. Vielleicht machen sie sich ja tatsächlich nicht so gut in der hiesigen Fernsehberichterstattung!

Die Excellenzen und die Offiziere des Generalstabes beobachten das Geschehen auf Plastiksesselchen im Schatten der Tragfläche.

Dann endlich ist es soweit: die weitergehende Ladung ist wieder im Bauch der Transall verschwunden, die Ausstattungshilfe auf dem Lkw verladen (schön lang, das macht was her!), der Tieflader neben die Transall gefahren. Die Stühle sind mehrfach zu neuer Ordnung umgestellt, die Ehrenformation daneben aufgestellt.

Der Botschafter winkt mich auf den Stuhl an seiner Seite und bittet, möglichst viele Crewmitglieder einzureihen. Der Doktor bekommt einen Stuhl in der zweiten Reihe und sitzt jetzt neben dem Colonel, der eigentlich neben dem Botschafter sitzen wollte oder sollte, von wo ich ihn allerdings vertrieben habe.

Der General, lustlos und schläfrig blickend, sitzt auf zwei ineinander gestellten Plastik–Sesseln. Meine Vermutung, dass dies geschehen sei, um ihn höher als alle anderen sitzen zu lassen und damit herauszuheben, wird vom deutschen Botschafter als eher nicht zutreffend eingeschätzt. Der meint nämlich, Leibesfülle und Gewicht des wohlgenährten Generals seien eher Ursache dieses Arrangements.

Ein Trompetensignal ertönt, die Ehrenformation präsentiert, und wir erheben uns. Der Botschafter redet, frei und – soweit ich der französisch gehaltenen Rede folgen kann – würdevoll, mit Blick auf die Reformationen der Bundeswehr und der daher leider beendeten Ausstattungshilfe Guinea, für die diese Lieferung den Abschluss bildet.

Der General bedankt sich in der folgenden – abgelesenen – Rede artig und betont die gute Kooperation zwischen den beiden Armeen und Staaten. Nun, denke ich, ist es vorbei und wir können endlich weiter.

Zu meiner Überraschung kehrt nicht nur der Botschafter zu uns zurück um sich zu verabschieden, sondern auch der General. Der Botschafter übersetzt mir, jetzt gäbe es ein Geschenk für die Besatzung in Form von frischem Obst.

Herr General winkt einen Pick–up heran und endlose Kartons, große, kleine, flache, mittlere, werden, gefüllt mit Obst, in unseren Flieger getragen. Ich erfahre, dass uns nunmehr unzählige Ananas, Bananen, Mangos, Pampelmusen und Orangen (die heißen hier alle Orangen), Papayas und was weiß ich noch alles, gehören. Kein Mensch kann sich vorstellen, dass wir das alles aufessen sollen oder können.

Ich weiß, dass ich mich artig zu bedanken habe und kratze mutig meine wenigen Kenntnisse der französischen Sprache zusammen. Doch die mageren Worte erscheinen mir nicht genug, und so nehme ich spontan nach einem mehr oder weniger gestammelten „Merci, mon général, pour votre présent très aimable!" meinen verschwitzten Fliegerschal vom Hals, halte ihn ein paar Sekunden vor mich hin und lege ihn dann dem General mit dem Hinweis, er sei nunmehr ein „pilote bavarois", um den Hals.

Nicht nur, dass plötzlich Applaus aus den Reihen der Zuschauer aufbrandet, der General ist sichtlich gerührt und stolz! Den weißblauen Schal dekorativ um seinen Hals geschlungen schreitet er mit dem Botschafter nach nochmaligem Trompetensignal und Präsentieren die kurze Front der Ehrenformation ab, ehe die beiden dann endgültig verschwinden und wir endlich weiterkönnen.

Auf der nächsten Flugstrecke serviert uns der Heinz eine aufgeschnittene Ananas – sie ist einfach köstlich!

Der Flug nach OUAGADOUGOU dauert drei Stunden.

Im Anflug werden wir aufgefordert, uns auf eine Warteschleife (Holding) über dem Punkt *Porim* einzurichten, die voraussichtliche Anflugzeit (EAT) werde uns noch mitgeteilt! Unser Junior Thorsten, habe ich den Eindruck, staunt: das sind Verfahren wie in Frankfurt! Ich schätze es eher als das ein, was es letztlich auch ist: Angeberei! Kaum sind wir in das Holding eingeflogen, bekommen wir die Freigabe zum Anflug und erst auf dem kurzen Endanflug (!) auch die Landefreigabe. Wir sind eh die einzigen, die derzeit anfliegen. Zeitverzug etwa zwei Minuten, weil der Einflug in die Warteschleife in die falsche Richtung geht.

Vielleicht bilde ich mir das ja nur ein, aber ich habe den Eindruck, hin und wieder macht sich Afrika bei dem einen oder anderen durch Konzentrationsmangel oder vielleicht auch durch schlechtes Verstehen des Funksprechverkehrs bemerkbar. Nun, das heißt für mich einfach doppelte Aufmerksamkeit und nicht davon ausgehen, dass die anderen auch alles mitbekommen haben. Vier Augen und vier Ohren und so weiter!

Am Boden kein Einweiser oder sonst jemand, der uns erwartet, zu sehen. Der Kontrollturm weist uns Stand 4 zum Parken an, und wir mogeln uns irgendwie in die bezeichnete Gegend.

Als die Triebwerke stehen und ich das Cockpit verlasse, sind dann zur freudigen Beruhigung doch vier Zivilisten, offensichtlich von der Botschaft, bereits bei Heinz am Heck. Man begrüßt uns erfreut – welche Wirkung hat da wohl die zweiseitige Bestellung gehabt? –, sichert uns jede Unterstützung zu. Die brauchen wir auch – und viel mehr, als uns in diesem Moment vorschwebt!

Der Wart und der Bordtechniker teilen mir mit, dass an unserer Zusatzturbine in der Fahrwerkgondel, dem GTG, Sprit ausläuft, also wohl der Ablasshahn defekt ist. Das heißt nicht nur unmissverständlich Startverbot, das ist auch nicht ohne Techniker von daheim zu beheben.

36

Inzwischen in dieser Hinsicht gelassen – es ist ja schließlich Samstag Abend zu Hause, und da haben die Offiziere vom Gefechtsstand (OvG) ohnehin Langeweile –, ereilt mich der nächste Schock: Netzverbindung am Handy – Fehlanzeige! Mit Burkina Faso kann nicht über Roaming telefoniert werden. Na ja, dann halt aus dem Hotel.

Doch zunächst muss den Flugplatzbehörden klar gemacht werden, dass wir das Flugzeug vor einer Reparatur keinen Meter mehr bewegen können. Ein Blick auf die unter dem GTG, direkt im Einflussbereich des Abgasstrahls entstandene Kerosinpfütze genügt: Hier geht nichts mehr, wenn wir den Flieger nicht abfackeln wollen.

Die Verhandlung mit den Behörden erweist sich als zähe Geduldsprobe. Natürlich sind sie mit dieser Parkposition jetzt ganz und gar nicht mehr einverstanden und vom Schleppen bis zum Wegschieben ist die Rede. Passende Schleppstange natürlich nicht vorhanden, auch die stolze Armee de l´ Air von Burkina Faso hat das Teil (natürlich!) nicht. Schließlich gibt der Beamte sich nach einer Stunde Warten, in der er hin und wieder wichtig telefoniert, damit zufrieden, dass wir ihm die Bereitschaftsnummer der Botschaft mit dem Hinweis, bei Bedarf kämen wir sofort, da lassen. Es dauert fünf Tage, ehe sie uns tatsächlich anrufen, und da können wir schon wieder rollen und ist es nicht so dringend.

Ich wollte ja das Lufttransportkommando aus dem Hotel anrufen. Nein, nein, nicht einfach abheben, wählen und sprechen. Vielmehr bei der Rezeption anmelden. Am besten schriftlich, damit die Nummern auch richtig gewählt werden können, was aber keine Garantie für eine richtige Verbindung ist.

Das wiederum bedeutet: vier Etagen mit einem klapprigen, langsamen Aufzug runter, die „Wartezeit der Wichtigkeit" vor dem Tresen verbringen, dem lieben Rezeptionisten (oder was auch immer) die Nummer aufschreiben, wieder hoch auf das Zimmer und warten, warten, warten!!

Wenn du schon nicht mehr glaubst, das Gespräch käme jemals noch, dann klingelt das Telefon und – oh grenzenloses Wunder der Technik – *„LTKdo is on line!"*.

Die Kameraden dort erweisen sich mit unserem Vorschlag, noch am Montag hinreichende Techniker mit AIR FRANCE hierher zu schicken, um sowohl den Ablasshahn des GTG als auch meinen VSI zu reparieren, einverstanden. Wie sollten sie auch nicht, das nächste Verkehrsflugzeug nach dem Montag kommt erst Donnerstag!

Auch unsere Idee, das durch die Franzosen eingebaute Überdruckventil gleich hier mit auszutauschen, damit wir das dann auf unserem Rückflug in Dakar wieder zurück geben können (denn dort und nirgendwo anders in Frankreich muss es wieder hin!), stößt auf Zustimmung.

Die Besonderheiten beim Telefonieren aus dem für uns gebuchten Hotel habe ich zuvor ja schon geschildert. Doch dieses Hotel verdient eine eingehendere Schilderung, die der vom MERIDIEN in Dakar nicht nachstehen darf.

Eigentlich hatten wir ja im SPLENDID, dem vermutlich zweitbesten Hotel Ouagadougous reserviert und auch eine Bestätigung bekommen. Diese Einschätzung des Qualitätsranges ist zwar immer wieder umstritten, in Ouagadougou jedenfalls gilt das Hotel als durchaus annehmbare Herberge und seine Lage in der Stadtmitte trägt zu der Beliebtheit bei den deutschen Besatzungen bei.

Verglichen mit dem MERIDIEN, das uns nach drei Nächten schon zum Maß unserer Erwartungen geworden zu sein scheint, ist allerdings auch das bestellte Hotel mit viel gutem Willen bestenfalls untere Mittelklasse. Auch wenn die Bestätigung für die angefragte und reservierte Nacht von Donnerstag auf Freitag galt, erwarteten wir, entweder dort oder im besten Haus am Platze untergebracht zu werden. Also kein Grund, sich Sorgen zu machen?

Durch unsere zweitägige Verspätung jedoch ist in allen wirklich vernünftigen Hotels kein einziges Zimmer mehr zu bekommen!

Genau am Tag unserer Ankunft beginnen nämlich in Ouagadougou die Internationalen Filmfestspiele. Eine Begebenheit, die mich regelrecht von den Socken haut. Das passt nun ganz und gar nicht in meine Erinnerung an diese einstmals so schmutzige Stadt und ich werde in den nächsten Tagen noch öfter auf die verflossene Zeit und den in ihr vollzogenen Wandel aufmerksam gemacht werden.

Die Filmfestspiele jedenfalls werden über die gesamte Woche stattfinden. So blieb der Botschaft, die sich zwar tausendmal bei uns dafür entschuldigt, keine Wahl, als das nächstbeste Hotel zu nehmen. Wie uns Frau Schulz später erzählen sollte, hatte man sogar schon Pläne gemacht, die Besatzung in den Privathäusern des Botschaftspersonals aufzunehmen. Das wäre für die eine geplante Nacht sicherlich für keinen der Beteiligten unannehmbar gewesen, doch es sollte ja ganz anders kommen.

Der vom Kanzler der Botschaft mit dieser sicherlich ganz und gar nicht einfachen Aufgabe beauftragte Beamte war schließlich recht glücklich, im „EDEN PARK" ein Hotel mit vier Sternen gefunden zu haben, das uns nicht nur für eine Nacht, sondern auf für weitere Nächte aufnehmen konnte. Ja selbst für die anreisenden sieben Techniker sollte im Lauf der Woche noch Platz sein. Diese überraschende Verfügbarkeit allerdings hätte bei einem Haus mit vier Sternen – wenn auch nur Burkina–Faso–Sternen, was in Europa wohl *„top lower class"* entspricht – stutzig machen müssen.

Allein der Name des Hauses führt bereits gründlich in die Irre. Dies ist weder das Paradies, noch hat die Anlage auch nur irgend etwas mit einem Park zu tun. An der großen Einfallstraße vom Flugplatz zur Stadtmitte liegt das Hotel kurz vor dem Moro–Palast. Umgeben ist es von Hausanlagen aus Lehmziegeln der inzwischen mächtig ausgedehnten Stadt. Hier standen früher bestenfalls Nissenhütten!

Das Restaurant im Erdgeschoss wird nach einem kurzen Blick als „wohl besser nicht zu nutzen" eingestuft, was selbst für das Frühstück Gültigkeit haben soll.

Der Pool, nach einigem Suchen im Hof des Hotels gefunden, erscheint uns eher als Brutstätte für Keime aller Art, denn als Möglichkeit der erfrischenden Abkühlung. Unser Arzt lässt keinen Zweifel: Dieser Pool ist nicht zu benutzen!

Doch die Zimmer erscheinen sauber, wenn auch klein und beengt. Im Bad allerdings weisen sowohl die Badewanne wie auch die Toilettenschüssel starke Spuren der Abnutzung auf, Das ermöglicht deren Gebrauch nur unter Überwindung. Eine Dusche gibt es nicht, sieht man von dem Duschkopf an der Wanne, aus dem das Wasser mehr tröpfelt als fließt, und dessen Schlauch für europäische Körpergrößen hoffnungslos zu kurz ist, ab.

Die sportlichste Herausforderung aber ist die Nutzung der Klimaanlage, die als großer, lärmender Kasten, Kaltluft blasend, über dem Bett hängt.

Wenn tagsüber die Sonne auf die südliche Außenwand mit dem Fenster knallt, wird das Zimmer aufgeheizt wie ein Brutofen. Sollte oder muss man sich dann aber im Zimmer aufhalten, führt die angestellte Klimaanlage mit ihrem Kaltluftstrom zwingend zu einer Erkältung. Bereits nach wenigen Stunden kratzt es mir heftig im Hals und meine Stimme erscheint mir reibeisig.

Legt man sich allerdings flach auf das Bett, dann bläst die Kaltluft über einen hinweg.

Also muss entweder die Klimaanlage aus bleiben, oder man legt sich flach auf dem Bett. Dann ist natürlich die Möglichkeit, irgend etwas zu erledigen – außer vielleicht Lesen – sehr eingeschränkt.

Natürlich kann man die Klimaanlage gut betreiben, wenn man das Zimmer verlässt. Dann ist der Raum bei der Rückkehr angenehm gekühlt. Wird aber die Kühlung auch nur kurz unterbrochen, heizt das Zimmer innerhalb einer Viertelstunde wieder hoffnungslos auf. Erst nach Sonnenuntergang, wenn auch draußen die Luft auf etwa 22 Grad abkühlt, hält sich die annehmbare Temperatur etwas länger.

Nachts, wenn Schlafen angesagt ist, kann es also unklimatisiert bleiben. Das heißt, sofern man bei den dann vorherrschenden Temperaturen einigermaßen Schlaf finden kann. Falls nicht, ist der stundenweise Betrieb der Anlage zwar möglich – die Luft bläst ja über den im Bett hingestreckten Körper hinweg – doch an Schlaf ist dann wegen des Lärms nicht zu denken.

Dabei wäre allerdings noch zu berücksichtigen, dass diese Umstände nur für eine funktionierende Klimaanlage, wie ich sie zum Glück in meinem Zimmer habe, gelten. Heinz, der Ladungsmeister, muss mehrfach das Zimmer wechseln, bis er eine Anlage vorfindet, die wenigstens annähernd den obigen Bedingungen entspricht. Das macht ihn ausgesprochen knurrig und ich gewinne den Eindruck, als erwarte er von mir, seinem Kommandanten, eine Lösung seines Problems. Doch kann auch ich nur verteilen, was vorhanden ist, und ein besseres Hotel ist nun einmal nicht vorhanden.

Ganz abgesehen davon, dass bei Stromausfall, der nicht eben selten ist, weder Klimaanlage noch Heißwasserboiler noch – und das ist am schlimmsten! – der Aufzug funktioniert. Die Crew haust im vierten Stock. Runter ist machbar, rauf ohne Klimatisierung des Gebäudes der reinste Stress!

Was sich im Laufe der Tage als recht annehmbar herausstellen soll, ist der Espresso und der Capuccino an der Bar in der Lobby. Zwar laufen dort ständig mindestens zwei Fernseher mit unterschiedlichen Programmen, zwar sind dort fortwährend einheimische Handwerker mit der Kontrolle oder Reparatur elektrischer Leitungen lautstark beschäftigt, zwar sitzen immer wieder dubiose Gestalten, denen man kaum von zwölf Uhr bis Mittag über den Weg traut, in den Sitzgruppen, doch diese Sitzgruppen sind auch für uns immer wieder Stätte der sozialen Begegnung miteinander. Sie sind nämlich der einzige Ort, an dem sich gleichzeitig mehr als zwei Personen aufhalten können, sieht man von dem bereits als „nicht nutzbar" eingestuften Restaurant ab. Dann kann tatsächlich ein annehmbarer Espresso zum Seelentröster werden, zumal wenn man ihn sich gerade noch leisten kann.

So wird sich im Laufe der Tage neben einer stoischeren Gelassenheit auch ein gewisses Maß Gewöhnung einstellen, unter dem alles nur noch halb so schlimm empfunden wird. Ja, mit der Zeit bietet uns der Hotelbesitzer sogar einen unerwarteten Service an: Wir dürfen den hoteleigenen Kleinbus mit Fahrer nutzen, wenn wir einen Mobilitätsbedarf in der Stadt haben, und das sogar kostenlos! Zu diesem Zeitpunkt muss der an uns erzielte Gewinn wohl schon so hoch sein, dass dieses Zugeständnis selbst bei der hemmungslosen Nutzung, zu der sich meine Besatzung dann entschließt, kaum ins Gewicht fällt.

Dass dieser Kleinbus in zentralafrikanischem Zustand ist, versteht sich von allein. Durchgesessene Sitzbänke, nicht sicher schließende Türen und ein erbärmliches Aufstöhnen von Motor und Getriebe beim Gebrauch durch den einheimischen Fahrer machen jeden Transport mit diesem Vehikel auch ohne die äußerst gewöhnungsbedürftigen Fahrkünste seines Fahrers jedes Mal zu einem Abenteuer mit unklarem Ausgang. Rückblickend jedoch haben wir nicht nur alle Transporte heil überstanden, das Fahrzeug war auch zu den unmöglichsten Zeiten stets verfügbar und, wenn auch mit hinnehmbarer Verzögerung, an jedem Ort, zu dem wir es bestellt haben.

Und zwischen dem Fahrer – stets der gleiche, wie mir schien, privilegierte Einheimische – und Teilen meiner Besatzung entwickelte sich doch mit der Zeit eine erstaunliche Vertrautheit.

Das überrascht umso mehr, als die Kenntnis der französischen Sprache in meiner Besatzung kaum mehr als rudimentär ist. Der Doktor spricht eigentlich ganz gut und erinnert noch die meisten Begriffe. Ich spreche so la–la und immer wenn es darauf ankommt, fehlen mir die richtigen Worte. Wie erklärt man einem afrikanischen Zimmermädchen, dass sie beim Säubern und Aufräumen des Zimmers vom Bordtechniker auf gar keinen Fall das Wasser laufen lassen darf? Dem ist nämlich sein Ohrring (!) in das Waschbecken gefallen und er vermutet diesen jetzt im Siphon, den er später am Tag aufmachen will, um den Ring zu retten.

Doch davon sind wir zunächst noch ein paar Tage entfernt.

Nach dem Einchecken und dem Bezug der Zimmer, führen uns die Angehörigen der Botschaft in ein nicht weit entferntes einheimisches Lokal. Die Nacht ist, wie immer in den Tropen, blitzartig hereingebrochen und im Licht der Laternen und Lampions erscheint das Gartenlokal uns durchaus einladend und annehmbar. Auch die angebotenen Speisen und das überraschend gut schmeckende einheimische Bier, das tatsächlich frisch vom Fass gezapft ist, munden vorzüglich. Nun ja, wir hatten für einen Tag ja auch schon mehr als genug negative Erlebnisse, da darf der Tag durchaus etwas freundlicher zu Ende gehen. Da der „freie" Abend durch die vorhergehenden Ereignisse wirklich erst sehr spät begann, hören wir auch erst sehr spät in der Nacht auf. Offensichtlich musste bei allen eine Menge Frust heruntergespült werden.

Sonntag, 23.Februar 2003

Um halb neun reißt mich ein Anruf des Technischen Offiziers aus Penzing aus dem Bett, in das ich erst vor knapp vier Stunden mehr oder weniger ohnmächtig, wie mir heute morgen scheint, gefallen bin.

Das Geschwader möchte nur zwei Techniker zur Reparatur des Ablassventils schicken. Wir hätten doch gemeldet, dass ein Weiterflug mit dem defekten Anzeigegerät für die Steig– und Sinkgeschwindigkeit möglich sei. Ich erkläre ihm trotz der für mich unmöglich frühen Stunde – was er ja nicht wissen kann, schließlich ist neun Uhr dreißig in Deutschland, auch am Sonntag Morgen eine akzeptable Zeit fürs Telefonieren! – mit Engelsgeduld, warum wir bei Lage der intertropischen Konvergenzlinie über ACCRA nicht so recht mit derartigen Lösungen glücklich sind, und er willigt schließlich auf vier Techniker ein.

Eigentlich ist ein Feilschen wie auf einem arabischen Bazar kaum vorstellbar bei der Frage, wie viele Techniker denn nun benötigt werden und was an einem liegengebliebenen Flugzeug repariert werden soll.

Abends erfahre ich dann vom diensttuenden Offizier des Gefechtsstands, dass am Montag Abend sieben (!) Techniker mit der Air France eintreffen werden! Wir reimen uns damit die Behebung aller drei Störungen zusammen, auch wenn uns technischen Laien diese neue Anzahl rätselhaft bleibt, doch das soll sich als Trugschluss erweisen.

Noch aber ist Sonntag, wir können eigentlich nichts anderes tun als die Zeit so sinnvoll wie möglich zu nutzen. Zum Glück finden sich die Angehörigen der deutschen Botschaft bereit, die Besatzung über den ursprünglich eingeplanten Abend hinaus zu betreuen.

Hier haben wir wahrhaftig Anlass zu großer Dankbarkeit. Ich habe im Laufe meines Fliegerlebens ja Kontakt zu vielen Botschaften gehabt und bei gar vielen sind wir ordentlich und mit großer Hilfsbereitschaft betreut worden. Was aber hier durch das Ehepaar Macht und Frau Schulz für uns geleistet wird, übertrifft alles bisher Erlebte. Sie haben es daher mehr als verdient, hier ausführlicher dargestellt zu werden.

Sigurd Macht gehört zum Mittleren Dienst des Auswärtigen Amtes und ist an dieser „kleinen" Botschaft in Ouagadougou anscheinend überwiegend für die Visa zuständig. Wenn ich ihn recht verstanden habe, bedient er auch die elektronischen Kommunikationsgeräte, ohne die heute wohl keine Botschaft auskommt.

Seinem Erzählen nach war er Zeitsoldat bei der Marine, bevor er nach zwölfjähriger Dienstzeit in den Dienst des Auswärtigen Amtes wechselte. Erst seit kurzem in Burkina Faso, war er zuvor in Südafrika und in Mozambique, von dem vor allem seine Frau Traudel uns immer wieder vorschwärmen wird. Sie, die lebenslustige, unternehmerische Frau, hat sich dort sehr wohl gefühlt und viele Reisen in das Land unternommen.

Sigurd, schien mir, hat es in Südafrika besser gefallen. Davon handelten überwiegend seine Erzählungen, die ohnehin von dem stilleren Menschen seltener waren. Auch wenn Traudel „nur" die begleitende Ehefrau ist, wird sie im öffentlichen Leben immer wieder eingebunden. Wir sollten noch Gelegenheit zu derartigen Beobachtungen haben.

Als klar war, dass wir weit über die geplante Zeit in Ouagadougou bleiben würden, haben beide uns ihr Haus mit seinem Pool tagtäglich verfügbar gemacht, ob sie nun da waren oder nicht. Derart bekam die Crew ein „Zuhause", wenn unseren Gastgebern die ansonsten reichlich sprudelnden Ideen, was wir uns unbedingt noch ansehen müssten, ausgingen.

Und wir konnten nicht nur auf das Macht'sche Haus mit seinem sauberen und gepflegten Pool sowie mit dem vorhandenen Vorrat an Getränken zählen, Traudel war uns mit ihrem Auto auch immer wieder Chauffeur, wenn der Minibus des Hotels nicht ausreichte oder nicht verfügbar war.

Daniela Schulz macht eigentlich in der Botschaft die Kassengeschäfte, auch sie gehört zum Mittleren Dienst. Jung, ohne familiären Anhang und voller Unternehmungslust stand sie uns jederzeit ebenso zur Seite wie das Ehepaar Macht. Gleichgültig, ob wir unser Geld im Tresor der Botschaft lagern wollten – um dann zu den unmöglichsten Zeiten plötzlich doch heran zu müssen –, ob wir einfach nur einen telefonischen Ansprechpartner oder noch ein zusätzliches Auto brauchten, oder ob wir eine Restaurationsempfehlung suchten, Daniela war einfach immer verfügbar.

Sie hatte vor ihrer ebenfalls erst kürzlich angetretenen Verwendung in Burkina Faso Kasachstan und Russland kennengelernt, sicherlich Erfahrungen einer ganz anderen Art, als sie das frankophone Westafrika bietet.

Mit diesen Menschen wurde natürlich kein Essen langweilig, der Gesprächsstoff konnte gar nicht ausgehen.
Dankenswerter Weise waren diese drei auch alle Tage mit uns zum Essen und wir haben so manch vergnügliche Stunde geteilt.

An diesem Tag steht ein „sonntäglicher Ausflug ins Land" an. Sie hatten uns gestern Abend erzählt, dass es in annehmbarer Entfernung eine „Ecole Coton", also eine Baumwollschule gäbe, die von einer Holländerin geleitet würde.

Diese Frau unterrichtet seit vielen Jahren die Burkinabei im Weben von Baumwollstoffen. Das tut sie nicht nur an ihrer Schule, sie fährt dazu auch ins Land, um die Einheimischen in ihren Dörfern zu unterrichten. Wie wir von ihr erfahren sollen, muss sie immer wieder zum Nachunterrichten in die Dörfer gehen, das Analphabetentum bei über 80% der Bevölkerung lässt ihr keine andere Chance.

Wir erreichen ihre Einrichtung, die fast schon einem kleinen Dorf ähnelt und mitten in der Savanne liegt, nach einer knapp einstündigen Fahrt. Diese führt, zunächst noch auf der geteerten Straße, bald schon über Lehmpisten, in die Weite Burkina Faso´s hinein.

Kleinere Ansiedlungen mit darum liegenden Äckern, auf denen Undefinierbares angebaut wird, wechseln sich mit dem typischen Baum– und Strauchbewuchs des karg erscheinenden Landes ab. Mütter, Kleinkindern an der Hand, auf dem Kopf eine große Schale mit Gemüse balancierend, schlendern an den Fahrwegen entlang und teilen sich diese mit den allgegenwärtigen Mopeds und uns Touristen.

Die Ecole besteht aus einem steinernen Hauptgebäude, in dessen einzigem Raum eine Ausstellung der erzeugten Stoffe Zeugnis von der landestypischen Webkunst gibt, und ein paar Nebengebäuden, deren Sinn uns verborgen bleiben soll.

Ein großer runder Freisitz, nach afrikanischer Art überdacht, lehnt sich an das Haupthaus an und bietet dem Reisenden Schatten. Hier serviert uns die Besitzerin neben kalten Getränken auch einen ausgezeichneten Imbiss, denn neben ihrer Schule betreibt sie eben auch eine Minigastronomie.

Während wir Männer wohl mehr der Höflichkeit halber Interesse an den Webprodukten zeigen, stürzen sich die uns begleitenden Damen genau so darauf, wie wir das von unseren Frauen in den Kaufhäusern gewohnt sind. Laute des Entzückens ob eines gelungenen Musters oder wegen eines sich besonders toll anfühlenden Stoffes lassen uns wieder einmal deutlich werden, dass Frauen anders empfinden als Männer.

46

Das werden wir wohl weder jemals verstehen, noch es auch nur annähernd nachvollziehen können. Es bleibt einfach wahr: Einkaufen, das ist für Männer und Frauen eine völlig unterschiedliche Handlung mit absolut differenter Motivation.

Interessant erscheint mir, dass sich jede Menge Europäer heute an diesem Ort ein Stelldichein geben. So lernen wir zwei deutsche Frauen kennen, die wir in den nächsten Tagen noch wiedertreffen sollen.

Frau Katrin Rohde, wie wir zu hören bekommen, schon seit vielen Jahren im Land, leitet in Ouagadougou ein Kinderheim der AMPO. Ich habe keine blasse Ahnung, wofür diese Abkürzung steht, erfahre aber immerhin, dass es sich dabei um eine zwar sehr große, weltweit agierende Organisation handelt, deren konkrete Unterstützung der einzelnen Projekte jedoch weit eher ideeller als materieller Natur ist.

Eine andere junge Frau arbeitet offensichtlich für irgendeine Art der Entwicklungshilfe. Sie ist eigentlich im Landesinneren tätig und nur für kurze Zeit, quasi für eine zeitweilige Rezivilisierung, in der Hauptstadt. So hat sie uns zwar im Laufe der Treffen – man sah sich mehr oder weniger zwangsläufig im Restaurant – viel von den Zuständen an ihrem Haupteinsatzort erzählt, und gar manches davon war wirklich abenteuerlich! Für wen genau sie aber eigentlich dort arbeitet, wurde mir nie ganz klar.

Eine andere Dame deutschen Ursprungs, nach meiner Schätzung wesentlich älter als ich selbst, war eigens zu den Internationalen Filmfestspielen von einem „Irgendwo" in Afrika – ich meine, in der Nähe von Bamako in Mali zu erinnern – angereist und berichtete von den dort gezeigten Filmen mit großem Enthusiasmus. Wie groß muss der kulturelle Hunger sein, wenn man die zweifellos mächtigen Strapazen einer so weiten Reise in diesen Landstrichen auf sich nimmt, um ins Kino zu gehen?

Auf dem Rückweg in die Stadt machen wir am Stadtrand noch in einer Einrichtung Halt, die in musealer Form einheimische Kunst und Handwerk beherbergt. So lässt sich die Entstehung eines Gegenstandes und die damit verbundene Kunst ebenso bewundern wie das fertige Kunstwerk.

In einer Ecke des Hauses werden Metalle zu kunstfertigen Gebilden verarbeitet, daneben ist die Fertigung von Gebrauchsmöbeln aus Holz oder, wenige Meter weiter, die Herstellung landestypischer Schnitzwerke zu beobachten. Wieder ein paar Schritte weiter finden sich Stoffe aus Wolle oder Seide gefertigt, mit der für Afrika so typischen Batiktechnik verziert und unverwechselbar gemacht. An einer anderen Stelle werden die westafrikanischen Trommeln gefertigt und mit viel Enthusiasmus auch gleich bespielt.

Ein Laden bietet bunt bemalte Holzschilder an, auf denen die Kunstfertigkeit eines Arztes in der Behandlung bestimmter Krankheiten gepriesen wird. Die Bilder, im Stil der Malerei eines Breughel am ähnlichsten, doch viel einfacher, elementarer, zeigen die Auswirkungen der Krankheit in aller Deutlichkeit. Dazu dann französischsprachige Benennungen, von denen ich mir nicht vorstellen kann, dass sie im französischen Mutterland genau so primitiv benannt sind. Sie dennoch zu erkennen, nötigt uns zunächst einige Raterei, danach häufiges Schmunzeln ab.

Montag, 24. Februar 2003

Am Morgen dieses ersten Werktages nach unserer Ankunft fallen wir in der Deutschen Botschaft ein. Zum einen glauben wir hier günstiger mit unserem Verband und mit dem Lufttransportkommando telefonieren zu können, zum anderen interessiert irgendwie natürlich auch der Arbeitsplatz unserer Betreuer.

Das mit dem günstigen Telefonieren erweist sich schnell als nur bedingt richtig: Der Kanzler der Botschaft, der eigentlich auf uns doch zunächst einen ganz umgänglichen Eindruck gemacht hatte, erweist sich als bürokratisch penibler Denker, der sich von uns die Telefonkosten erstatten lassen will, da das Auswärtiges Amt und unser Verteidigungsministerium aus unterschiedlichen Töpfen haushalten.

Wieder stoße ich auf diesen bürokratischen und blödsinnigen Moloch! Schließlich arbeiten wir alle für die Bundesrepublik Deutschland, ja noch enger: für deren Regierung. Welche Rolle spielt unter diesen Umständen dann der jeweilige Einzelplan des Haushalts? Das Auswärtige Amt wird an den von uns verbrauchten Telefongebühren nicht pleite gehen, das Verteidigungsministerium sich nicht bereichern!

Feiger Weise erfragt der Herr Kanzler sich den Ersatz der Telefonkosten aber nicht von uns, sondern von der ihm unterstellten Frau Schulz.

Sie tut mir ob meiner Antwort zwar leid, doch ich mache deutlich, dass es sich hier ja wohl um Amtshilfekosten handele, die zu bezahlen ich nicht willens bin. Ich erwarte im Gegenteil von der Botschaft, dass sie uns mit Barmitteln weiterhilft, da unser Einsatzvorschuss natürlich für einen so langen Aufenthalt nicht bemessen ist.

Au wei! Das gibt bürokratische Probleme! Nun muss die Botschaft also beim Geschwader anrufen und sich eine Auszahlungsgenehmigung geben lassen. Damit nicht genug! Diese Erklärung auf Kostenübernahme muss auch noch per Fax an die Botschaft übermittelt werden bevor der Herr Kanzler auch nur daran denkt, uns Bargeld in irgendeiner Form auszuzahlen oder Teile der Hotelkosten zu übernehmen.

Mit der Verwaltung unserer Bordkasse ist unser Copilot beauftragt. Ihm obliegt also auch die Abwicklung der diese Kasse betreffenden administrativen Angelegenheiten.
Schade, dass er an dieser kleinen Botschaft, wo Teile des Personals sich solche Verdienste gegenüber einer liegengebliebenen Besatzung erwerben, auch die Folgen kleinkarierten Beamtendenkens kennenlernen muss. Aber vielleicht ist das auch ganz gut so, da bleibt seine Erwartungshaltung später wohl realistischer.

Inzwischen lässt uns der Botschafter, Herr Rau, zu einem Gespräch bitten. Das wiederum entwickelt sich ganz interessant, nachdem uns zunächst ungefragt gesagt wird, dass er tatsächlich ein Cousin unseres Bundespräsidenten sei und in Köln studiert habe. Warum allerdings seine Excellenz, der Herr Botschafter, dieses Studium glaubt betonen zu müssen, bleibt mir im weiteren völlig unklar.

Warum die Beziehung zum Bundespräsidenten betont wird, kann zwei Ursachen haben: Zum einen könnte er aus vielmaliger Erfahrung unsere Frage erwartet und bereits vorab beantwortet haben, zum anderen kann diese familiäre Verbindung natürlich bei schlichten Gemütern für mehr Hochachtung sorgen.

Wie sich im Gespräch jedoch schnell herausstellt, hat es dieser Botschafter gar nicht nötig, Hochachtung vor seiner Person über ein solches Vehikel zu erzeugen.
Seine profunden Kenntnisse über Land und Leute, seine professionelle Einschätzung der politischen Lage in diesem Teil Afrikas nötigen uns gehörigen Respekt ab. So, genau so stelle ich mir einen guten Diplomaten vor, auch wenn dieser hier schon knapp vor der Pensionierung steht und daher ohne Anstrengung gut sein kann. Lässt eigentlich solch ein Gedankengang tiefere Einblicke in mein eigenes Seelenleben und Selbstverständnis zu?

Was wir von ihm über Burkina Faso erfahren, ist durchaus berichtenswert. Welcher Durchschnittseuropäer kennt dieses Land eigentlich? Manch ein Älterer wird sich vielleicht noch aus seinem Erdkundeunterricht an den Namen Obervolta erinnern. Doch die Umbenennung dieses Landes in Burkina Faso dürfte an den meisten vorübergegangen sein ohne überhaupt bemerkt zu werden.

Allein mein neuer Eindruck von der Hauptstadt Ouagadougou, die so ganz anders in meiner Erinnerung war, hatte mich überrascht und viel Unwissen über die Entwicklung in den zurückliegenden etwa zwanzig Jahren erkennen lassen. Der Botschafter bestätigt diesen Eindruck und gibt uns dann eine Beschreibung der heutigen Situation aus seiner Sicht.

Geschätzte zwölf Millionen Einwohnern hat dieses Land. Etwa eineinhalb Millionen davon sorgen in Ouagadougou für eine überraschende Prosperität. Sie haben Häuser aus Beton oder Ziegeln gebaut, breite, asphaltierte Hauptstraßen angelegt, auf denen kaum zu zählende Mopeds in abenteuerlichster Aufmachung und Beladung daherknattern und die Luft verpesten! Biegt man aber von diesen Hauptstraßen ab, dann ist man gleich wieder im „alten" Afrika.

Die Stadt wurde mit für die Sahelzone überraschend vielen, ihrem Bild äußerst wohltuenden Grünanlagen geschmückt. Der im Osten gelegene große Stausee liefert das für diese vielen Bäume und Grünanlagen benötigte Wasser auch in heißen, dürren Sommern und erlaubt so ein für diese Region Afrikas erstaunliches Ambiente.

Hier in dieser Stadt, aber auch auf dem Land, leben die Menschen bei unterschiedlichsten religiösen Bekenntnissen in großer Toleranz nebeneinander. Die Burkinabei seien eben ein ausgesprochen friedfertiges Volk. Das allein sei schon auffallend, meint der Botschafter, zumal wohl in gar vielen Nachbarstaaten die Verhältnisse so gänzlich anders sind.

So wirft der Aufstand im südlich angrenzenden Elfenbeinküste seine langen düsteren Schatten auch nach Burkina Faso. Man schätzt, dass zu normalen Zeiten etwa eine bis zwei Millionen Burkinabei als Gastarbeiter in Côte d'Ivoire gearbeitet und mit ihren Überweisungen nach Hause ganze Sippen am Leben erhalten haben. Das Land selber gibt ja nicht viel her, es verfügt kaum über nennenswerte Bodenschätze und auch der Agrarertrag hält sich in diesem dürren Land sehr in Grenzen.

Mit der durch den Aufstand bedingten Rückkehr dieser Gastarbeiter bleiben jedoch nicht nur die Überweisungen aus. Die Rückkehrer finden in ihrem eigenen Land auch keine Arbeit und die Zahl der zu unterstützenden Menschen wächst ins Bedrohliche.

Gleichzeitig hat sich durch den Aufstand die für den mageren Handel lebensnotwendige Infrastruktur der Region erheblich verändert. Der Güterverkehr lief in der Hauptsache über die Eisenbahn von Abidjan, die fährt in Folge der Unruhen nicht mehr. Importe nach Burkina Faso gelangen nun nur noch über die Straße von Lome (Togo) oder von Accra (Ghana) per Lastkraftwagen in das Land. Die Straßen sind natürlich schon da, doch haben sich die Güterströme erheblich reduziert. Man darf sich afrikanische Lkw ja nicht wie europäische vorstellen, ganz abgesehen davon, dass die Zuladekapazitäten bei Lkws und Eisenbahnwaggons doch erheblich unterschiedlich sind.

Die gute Traudel Macht besucht am Nachmittag mit Teilen der Besatzung eine Straußenfarm irgendwo hinter dem großen Stausee. Ich selber bleibe lieber im Hotel und rechne nochmals unsere Möglichkeiten der Flugdurchführung nach Reparatur durch. Irgendwie ist es mir draußen einfach zu heiß – das wird doch nicht das beginnende Alter sein?

Wenn die Techniker noch heute Abend – oder doch eher morgen früh? – reparieren, wann können wir dann weiter? Was kündige ich dem armen Leiter der Beratergruppe in Abuja an? Auch der braucht schließlich Vorbereitungszeit. Er hat mich bisher ja schon oft genug angerufen und mit der Frage, wann wir denn genau eintreffen würden, genervt. Wenn ich das mal selber auch nur annähernd wüsste! Ich versuche noch einmal, ihn anzurufen und ihm wenigstens einen Zwischenstand zu geben. Mein Eingeständnis, dass ich auch nichts genaues weiß und schon gar keine Prognosen machen kann, ehe nicht die Techniker am Flugzeug waren, wird ihn nicht besonders befriedigt haben.

Außerdem kreisen meine Gedanken mehr oder weniger unablässig um die Frage, was hinsichtlich der für heute erwarteten Techniker noch organisiert werden muss: Klappt das mit den Zimmern? Wer holt die Techniker wie und wann vom Flughafen ab? Kommen Werkzeuge und Ersatzteile gleich an unser Flugzeug oder müssen die erst einmal durch den Zoll? Wenn ja, wie lange bleiben sie dort? Wann und wo gehen wir mit den Technikern zum Essen? Wie bekomme ich den Transport so vieler Personen geregelt?

Die Fragen reißen nicht ab. Jede vage beantwortete erzeugt prompt eine neue. Zum Glück regelt sich schließlich irgendwie alles fast von allein. Am Spätnachmittag erfahre ich aus der Botschaft, dass die Maschine gegen 17.30 Uhr Ortszeit landen soll, dass Dani Schulz (wir sind inzwischen untereinander längst zum vertraulichen Du übergegangen) die Techniker am Flughafen abholen wird, dass ein Kollege ihr die notwendige Unterstützung mit seinem Wagen geben wird und dass wir die Techniker wohl so gegen 19.00 Uhr im Hotel erwarten sollen.

Ich verabrede noch schnell, dass von der Botschaft doch bitte ein oder zwei Tische für das Essen ab 20.00 Uhr im „Verdoyen", dem Gartenlokal mit der italienischen Speisekarte und dem weit und breit besten Speiseeis, reserviert werden sollen, dann bin ich mit meinen Gedanken und mit der schwierigen Dressur meiner Klimaanlage wieder allein.

Gegen 21.00 Uhr treffen die Techniker dann tatsächlich im Hotel ein. Sie sind von der langen Reise ganz schön fertig. Das Hallo zwischen den Technikern meiner Besatzung und ihren Kollegen von der Instandsetzung ist dennoch riesig. Nur ich weiß ja, dass die Zeit eigentlich drängt, doch mir hier und jetzt Gehör verschaffen zu wollen, um mitten in diese Ankunfts– und Begrüßungsorgie hinein mit organisatorischen Dingen um die Ecke zu kommen, kann nicht erfolgreich sein. Also gehen wir es auch hier gelassen an, es wird schon gut gehen!

Und es geht auch gut. Das Restaurant hat trotz dieser erklecklichen Verspätung noch Tische für uns alle frei. Das Essen findet allgemein Zustimmung. Da war eigentlich auch nichts anderes zu erwarten, doch man hat ja bekanntlich schon Pferde vor der Apotheke...!

Dennoch gibt es eine überraschende Ausnahme: der Doktor lässt sein Lammfleisch stehen! Es schmeckt ihm nicht. Dabei ist er doch ein ausgemachter Feinschmecker, der gute und interessante Küche zu schätzen weiß und auch gerne nimmt. Wir beide haben inzwischen ein Ritual vor dem Essen entwickelt: Wir trinken als erstes einen Pastis! Dass wir anschließend oftmals das gleiche Essen bestellen, zeigt, dass wir hinsichtlich dieser leiblichen Genüsse und der Neugier darauf wohl von gleichem Kaliber sind. Auch hinsichtlich der passenden Weinen sind wir uns regelmäßig einig und so entwickelt sich beim Rest der Crew schnell die Gewohnheit, uns zu folgen.

Nein, nicht von allen! Ausgerechnet unser Copilot Thorsten, der als Jüngster, quasi als „Crewbaby" doch eigentlich der Neugierigste sein sollte, entwickelt hier gar keinen Ehrgeiz: Man isst am liebsten Nudeln. Das kennt man und da kann man ja wohl nichts falsch machen. Da helfen auch alle Überredungsversuche von den erfahreneren Reisenden nichts. Schade, er bringt sich so um vieles Interessantes und Schönes – nach unserer Meinung.

Ja, und im Laufe des Abends gelingt es dann auch, die Verabredungen mit den Technikern in Einzelgesprächen so zu treffen, dass mit den Reparaturarbeiten begonnen werden kann.

Natürlich ziehen ein paar junge anschließend noch „um die Häuser", dafür sind einige doch nie zu müde. Unsere entsprechenden Besatzungsangehörigen sonnen sich im Wissensvorsprung über das Nachtleben in Ouagadougous. Die Älteren, also auch der Doc und ich, bevorzugen des Nachts Schlaf. Und so kehren wir nach dem Essen ins Hotel zurück.

Dienstag, 25. Februar 2003

Zumindest von den Technikern tun mir heute die leid, die gestern Abend gesumpft haben. Ich habe zwar keine Ahnung, wie der Abend verlaufen ist, doch kann ich mir das auf Grund einiger höchst müder Gesichter und vorhergehender eigener Erfahrungen mit Afrika lebhaft vorstellen.

Nicht ohne Grund gilt bei den alten Transportern der Spruch: „In Afrika ist jeder Tag Muttertag!"

54

Dieser an sich blöde Spruch macht aber zumindest eine Tatsache deutlich, mit der ein junger Transportflieger erst lernen muss umzugehen: Die afrikanischen Menschen haben eine ganz andere Einstellung zur Sexualität als wir Durchschnittseuropäer.

Das liegt wohl – zumindest im sogenannten „christlichen Abendland" – vor allem an der Körperfeindlichkeit, die unsere christlichen Religionen im Laufe der Jahrhunderte entwickelt haben. Dass diese betonte Körperfeindlichkeit ganz wenig mit christlicher Religion, aber ganz viel mit ihrer geistigen und theologischen Geschichte zu tun hat, liegt meines Erachtens auf der Hand. Wenn mir gesagt wird, dass der Körper und seine Bedürfnisse das Haupthindernis ist, an dem die Seele auf ihrem Weg zur Erlösung und zu den himmlischen Freuden scheitert, dann kann ich meinem Körper nicht gut sein. Wie vieles von derartigem Gedankengut mag bis heute in unserer Kirche feste Wurzeln und entsprechende Wirkung haben?

Der Morgen beginnt mit der schon geschilderten Problematik um den Ohrring unseres Bordmechanikers und unserem ersten ernsthaft Kranken, und das ist ausgerechnet der Arzt! Überzeugt, wenn er das Bett hüte und ein paar Medikamente gegen Magen– und Darmbeschwerden nähme, würde er morgen schon wieder auf dem Damm sein, bleibt der Doc also erst einmal liegen. Er macht ein bedauernswertes Leidensgesicht und ich bin überzeugt, ganz genau so geht es ihm auch.

Ich erinnere mich noch gut, dass es mir ein einziges Mal auf einem Afrikaflug ähnlich schlecht ging. Das war in Lome, ich hatte das mir von den Älteren überlieferte Rezept *„Mit einem ordentlichen Schluck Hochprozentigem am Morgen aus der Flasche – so warm wie er nun mal in Afrika ist – killst du sicher alle Darmbakterien, die für Unwohlsein sorgen könnten!"* nicht beachtet und glaubte während des gesamten Aufenthaltes sterben zu müssen, so unwohl war mir neben Durchfall und Erbrechen.

Jetzt hast du als Kommandant also ein neues Problem, das du eigentlich gar nicht haben dürftest und solltest: Du musst auch noch den Gesundheitszustand eines Crewmitgliedes richtig einschätzen und entsprechendes veranlassen oder eben nicht veranlassen. Normaler Weise ist genau dafür der Doc ja schließlich dabei, doch wenn es ausgerechnet ihn erwischt hat? Wie sicher ist seine Diagnose noch? Ich beschließe Vertrauen zum Arzt zu haben und während des Tages öfter nach ihm zu sehen.

Viel mehr würde ohnehin nicht gehen, da jetzt erst einmal die Techniker an das Flugzeug müssen und ziemlich wahrscheinlich ein Besatzungsmitglied dabei sein muss. Also werde ich, begleitet von unserem Wart, die Techniker fahren und dabei hoffentlich erfahren, was unserem Flugzeug nun wirklich so alles fehlt.

Die Männer der Instandsetzung sind wahrlich nicht zu beneiden! Die Sonne knallt ungehindert auf den Abstellplatz und die Haut unseres Fliegers.

Die Innentemperaturen liegen noch einen Teil höher als die ohnehin schon für den nicht angepassten Europäer unerträglichen Außentemperaturen. Da wir nicht einmal unser Zusatzaggregat, das GTG, betreiben können, ist auch die damit erreichbare Absenkung von maximal fünf Grad unter die Außentemperatur nur ein schöner Traum.

Um den wenigstens so schnell wie möglich zu realisieren, nehmen unsere Techniker zunächst den Kraftstoffhahn am GTG in Angriff. Hier fällt mir wieder einmal eine für uns Flieger typische Sprachungereimtheit auf: Eigentlich müsste es „der" GTG heißen, die Abkürzung steht für „Gasturbinengenerator"! Doch kenne ich keinen Besatzungsangehörigen oder Techniker der Transall, der nicht „das" GTG sagt!

Glücklicherweise haben wir wenigstens noch Mineralwasser an Bord, so können die Techniker wenigstens genug trinken! Wenn wir dann für den Weiterflug tatsächlich noch Wasser benötigen, können wir es allemal kaufen.

Während also der Kraftstoffhahn gewechselt wird, schaut ein Prüfer sich schon einmal die von den Franzosen durchgeführte Reparatur an. Natürlich ist die keinesfalls entsprechend den deutschen Qualitätsstandards gemacht worden; derartige Selbstgerechtigkeiten bringen mich immer wieder zur Weißglut, auch wenn die Außentemperatur nicht so hoch ist wie hier! Doch ich verkneife mir einen Kommentar, es würde nichts helfen und unsere stolzen Techniker nur verärgern.

Ich nutze die hervorragende Ausrede, ich müsse ja wohl mal nach dem Doktor sehen, um der brütenden Mittagshitze auf dem Flughafen zu entfliehen und kehre ins Hotel zurück.

Nun, es war beileibe nicht nur eine Ausrede, denn das Wohlergehen unseres Doktors hängt mir genauso am Herzen, wie das jeden anderen Besatzungsmitgliedes oder unserer Techniker.

Es ist schon irgendwie erstaunlich, wie sehr die Erziehung zur Verantwortung, die man im Laufe eines langen Berufslebens durchlaufen hat, schließlich zu fast schon zwanghaftem Verhalten führt. Aber in diesem Fall ist es ja auch keineswegs negativ. Im übrigen muss ich mich ja auch noch um den Ring im Siphon kümmern, denn natürlich hatte ich am Morgen kein Zimmermädchen zu Gesicht bekommen und die Reste meiner Besatzung sind bereits früh für den Tag verschwunden. Sie ziehen das klimatisierte Haus der Familie Macht mit Pool dem Hotel bei weitem vor.

Der Doktor liegt immer noch im Bett und hat mittlerweile eine ordentliche Strecke geschlafen, er wird bei meinem Besuch kurz wach um zu bestätigen, dass er auf dem Weg der Besserung sei, dann entschlummert er wieder. Also werde ich heute Abend noch einmal nach ihm sehen, morgen wird die Unpässlichkeit wohl überwunden sein. Immerhin kann er über seinen eigenen Zustand scherzen, das lässt hoffen.

Als ich wieder auf dem Flugplatz eintreffe, sind die Reparaturen soweit abgeschlossen, auch mein VSI ist gewechselt, doch es fehlt das Testinstrument! Wir machen also schon einmal Pläne, wie wir mittels eines Nachprüffluges die sichere Funktion des Anzeigegerätes am nächsten Tag austesten können. Neben den Fragen „Wie kann das zeitlich laufen? Wann können wir, wenn das Anzeigegerät in Ordnung ist, zum Weiterflug starten? Muss ein Prüfer bei diesem Test dabei sein, oder können wir eigentlich aus dem Test heraus gleich den Weiterflug angehen, wenn es keine Beanstandungen gibt?" stellt sich ja auch wieder einmal die Rechenaufgabe neuer Bedingungen für die Flugdienst– und Ruhezeiten! Ganz davon abgesehen, dass noch nicht klar ist, ob der Doktor morgen wirklich wieder fit genug ist.

Als mir der Kopf schwirrt und nicht nur wegen der äußeren Hitze qualmt, löst einer der Prüfer alle Fragen mit der lapidaren Feststellung, mit der nicht hinreichend reparierten Hydraulikanlage ließe er uns nicht fliegen! Er vermute ohnehin, dass der Hydraulikbehälter eine innere Undichtigkeit habe, und so sei es wohl das beste, wenn übermorgen mit dem nächsten Verkehrsflugzeug noch ein Hydrauliker mit einem neuen Behälter einschließlich des Überdruckventils käme. Der könne dann auch das Testgerät für das Anzeigeinstrument gleich mitbringen.

Ich leiste nicht wirklich Widerstand. Zum einen sind wir hinsichtlich des ursprünglichen Zeitplans ohnehin hoffnungslos verspätet, so dass es auf ein oder zwei Tage mehr schon gar nicht mehr ankommt. Des weiteren fliege ich lieber mit einem nahezu völlig reparierten Flugzeug weiter, so steigt die Chance, beim nächsten Anflugort nicht wieder zu stranden! Zusätzlich hat die nun vorgeschlagene Lösung den Charme, dass wir den weiteren Verlauf des Fluges genauer planen können, alle beteiligten Stellen rechtzeitig informiert werden können, und wir unseren hiesigen Aufenthalt in Ruhe beenden und abwickeln können. Bleibt die gesamte Besatzung morgen und übermorgen dienstfrei, dann starten wir auch hinsichtlich der Flugdienstzeiten wieder bei Null. Die zusätzlichen Kosten allerdings mag ich mir lieber nicht vorstellen! Also telefoniere ich wieder einmal in der abenteuerlichen Weise mit dem Lufttransportkommando, wir setzen eine neue Störmeldung ab und die Techniker telefonieren zusätzlich mit dem Geschwader, damit dort alles in die Wege geleitet werden kann.

Mittwoch, 26. Februar 2003

Ach, du mein liebes Afrika! Jetzt habe ich mehr oder weniger den ganzen Tag im Hotelzimmer verbracht, nur um den Anruf meiner geliebten Frau nicht zu verpassen. Sie hat auch, wie verabredet, um 13.30 Uhr hiesige Ortszeit angerufen, doch die Rezeption hat behauptet, ich sei nicht da, und gar nicht probiert, mich anzurufen. Alle anderen waren ja auch weg!

Dafür hat er oder sie mir aber treu und brav einen Zettel ins Postfach gelegt, auf dem – sogar in Englisch! – zu lesen war: „Your wife called!". Zum Glück hat meine Silvia es abends noch einmal probiert und mich tatsächlich kurz vor dem Weggehen in der Halle erreicht.

Ich vermisse inzwischen meine Lieben doch sehr! Wie gerne würde ich all die Eindrücke, die es hier gibt, mit ihnen teilen, wie gerne wäre ich da gewesen, als Lioba aus dem Schullandheim nach Hause geholt werden musste! Sicherlich habe auch ich geglaubt, dass dieser „Ausflug" doch für unsere sozial so stabile Tochter ein Klacks mit hauptsächlichem Vergnügen sei. Wie man sich doch irren kann! Sie ist eben krank geworden und die kleine Seele ist doch nicht so robust, wie unser Fräulein „Ich auch" uns immer wieder weismachen will.

Dabei fällt mir ein, dass ich mich gestern im Telefonat mit Korbinian, unserem fast zwölfjährigen Mittleren, ganz blöd und unüberlegt verhalten habe. Ich wollte meine Erreichbarkeit für einen Rückruf meiner Frau Silvia, die nicht daheim war, sicherstellen. Doch statt Korbinian zu bitten, die Nummer aufzuschreiben, habe ich ihn zu seinem großen Bruder Benedikt geschickt, um die Angelegenheit mit dem zu verhandeln. Eigentlich müsste das meinen Korbinian gekränkt haben, und es tut mir auch herzlich leid, dass ich nicht so weit gedacht habe. Aber vielleicht war er froh, in Ruhe gelassen zu werden, und ich mache mir völlig unnötige Sorgen.

Zu allem Überfluss musste ich mir soeben von Sigurd Macht auch noch die Frage gefallen lassen, ob ich Angst hätte, in seinem Pool bissen die Krokodile!

Während ich völlig überflüssiger Weise im Hotel herumhing, war der Rest meiner Crew und die Techniker, mit Ausnahme von vier Leuten, die zur Ziegenfarm gefahren sind, im Haus der Familie Macht und dort überwiegend im Pool. So lässt sich die Hitze auch am ehesten vertragen!

Gerade habe ich wie ein Verrückter mein Geld gesucht, ich vermisse nämlich einen 50 € Schein. Ich war mir doch so sicher, dass ich zwei Scheine hinter die Taschen für Kleingeld meiner beiden Portemonnaies gesteckt hatte und zwar in jedes einen. Nun finde ich einen zwar im braunen Geldbeutel, im schwarzen jedoch ist an der vermuteten Stelle nichts!

Ich glaube, ich bekomme allmählich den Afrikakoller!

Schließlich fällt mir nach langem Nachdenken wieder ein, dass ich diese 50 Euro, angesteckt durch die Verlustängste und das Misstrauen meines Copiloten, in einem Putztuch meines Brillenetuis versteckt habe. Dort finde ich dann auch glücklich den vermissten Schein – die Welt ist eben doch in Ordnung

Ein wenig beschämt fühle ich mich doch. Bin ich denn schon tatsächlich so ein alles versteckender alter Knurrhahn geworden, dessen Übervorsicht ihm eines Tages noch selbst den Hals bricht?

Dieser Vorfall und das in ihm versteckte Misstrauen gegenüber dem Fremden, dem Unbekannten, gibt mir Anlass, einen anderen Gedanken, den ich neulich abends hatte, aufzugreifen. Mir ging so durch den Kopf, wie wenig es mir doch gelingt, in den hiesigen Mitmenschen meine Brüder und Schwestern zu sehen. Menschen mit gleichen Ansprüchen und Rechten wie ich. Mitmenschen mit mindestens gleicher Ehre, mindestens gleichem Wert wie jeder Europäer! Ich will das doch gar nicht so, es entspricht weder meinem Denken noch meinem bewussten Fühlen. Dennoch muss ich Gott erst im Gebet bitten, mich die hiesigen Menschen doch richtig sehen, keine Gefühle des überheblichen Besserseins, ja nicht einmal des Andersseins in mir zuzulassen.

Woher nur kommt solche Arroganz, sie ist mir doch sonst fremd. Nicht als Entschuldigung, doch immerhin als Erklärung mag dienen, dass ich offensichtlich nicht der einzige Europäer mit derartigen Empfindungen und Einstellungen bin. Selbst bei den doch so liebenswürdigen Betreuern aus der Botschaft lässt sich ein solcher Grundtenor von Minderwertigkeit der Afrikaner beobachten.

Sicher, sie erleben die hiesigen Menschen als anders, doch es ist nur anders, nicht schlechter, nicht weniger arbeitsam oder strebsam als sie selber! Dennoch spricht ganz schnell Verachtung aus den Kommentaren, mit denen sie beobachtetes Tun oder Lassen der Einheimischen begleiten.

Wird man also bei längeren Aufenthalten in Afrika doch automatisch zum Kolonialisten? Gibt einem vielleicht die wahrgenommene Hochachtung der Menschen, das Herausstellen der eigenen Person bei jeder nur denkbaren Möglichkeit ganz selbstverständlich ein Gefühl des Besserseins? Verliert man das Wissen, dass man ja nicht als Individuum sondern als Repräsentant eines Staates solche Beachtung erfährt? Oder ist das Ganze einfach nur eine Schwäche des Charakters?

Gern hätte ich diese Frage mit dem Botschafter oder mit unseren Gastgebern diskutiert, doch ich habe den Eindruck, sie würden mich nicht verstehen, sich womöglich angegriffen und beleidigt fühlen. Das aber will ich ganz sicherlich nicht, ist uns das Haus der Macht's doch zu unserem zweiten zu Hause geworden.

Wie schnell so etwas geht! Aber das ist wohl schon seit Urmenschen Zeiten so, wir brauchen immer eine „Höhle", die uns zu Hause ist, wo wir uns sicher und angenommen fühlen. Und wenn wir dann bei einem „fremden Stamm" in dessen Höhle eingeladen sind, glauben wir fest an die Gastfreundschaft mit den daraus entstehenden Garantien für unsere Sicherheit und nehmen diese Höhle zumindest auf Zeit als unsere Höhle an.

Nun ist das aber beileibe nicht bei jedem gleich. Man merkt auch in der Besatzung und bei unseren Technikern deutliche Unterschiede. So wie ich mich von dem Moment an, als ich endgültig ausgezogen war, in meinem Elternhaus nur noch als Gast fühlte und entsprechend aller sich daraus ergebenden Restriktionen anders dort benahm, gibt es auch im Kreis unserer hierher verschlagenen Kameraden entsprechende Zurückhaltung. Aber es gibt auch jene Selbstverständlichkeit des Annehmens, die auch meine Geschwister in unserem Elternhaus – nach meinem Eindruck – sich niemals geändert benehmen ließ.

Ob wir die uns gebotene Gastfreundschaft nun aber einfach angenommen hatten oder sie vorsichtig genossen, wir alle haben das sichere Gefühl großer Dankbarkeit und möchten etwas zurückgeben. So beschließen wir, am Abend auf der Dachterrasse des Hauses eine großangelegte Grillfete zu veranstalten, wo Essen und Getränke auf unsere Kosten gehen sollen. Hier zeigt sich wieder einmal, dass wir mit unserem Ladungsmeister Heinz zutiefst ins Schwarze getroffen hatten: dem gelernten Metzger gelingt auch im Herzen Afrikas die Organisation, das Einkaufen und die Zubereitung ausgezeichneten Grillfleisches in verschiedensten Varianten.

Intensiv wird er bei seinen Vorbereitungen durch unseren Wart unterstützt, was mich – bei aller Dankbarkeit für dieses phantastische Engagement und seinem gelungenen Ergebnis – wieder einmal über die mehr oder weniger verwunderliche Gruppenbildung innerhalb einer Crew schmunzeln, aber auch nachdenken lässt. Vielleicht liegt es ja am gleichen Arbeitsort innerhalb des Flugzeugs während des Fluges, – oder wäre die Bezeichnung „Schlafort" angebrachter? – dass sich stets zwischen Wart und Ladungsmeister eine engere Beziehung ergibt als zwischen diesen beiden und dem Rest der Besatzung?
Eigentlich sollte man, der größeren Gemeinsamkeit im Fachlichen wegen, die eher zwischen Bordtechniker und Wart erwarten. Aber ganz ähnlich wie in der zivilen Luftfahrt ist es wohl auch bei uns: Cockpit ist Cockpit und Cargo ist Cargo!

Was man aber auf gar keinen Fall irgendwie wertend verstehen darf.

Die Fete ist wirklich ein voller Erfolg, reichlich Essen und Trinken vom Feinsten, gute und bereichernde Gespräche. Ich habe den Eindruck, unseren Gastgebern ist es durchaus angenehm, dass wir uns im Rahmen unserer Möglichkeiten für ihre großzügige Hilfe bedanken. Jedenfalls ein toller Abend, der durch kabarettistische Einlagen unseres Ladungsmeisters noch eine besondere Würze bekommt. Fast macht sich so etwas wie Wehmut breit, dass nun das Ende unseres Aufenthalts abzusehen ist.

Donnerstag, 27. Februar 2003

Der heutige Morgen sieht Mitglieder meiner Besatzung und mich im Kinderheim der AMPO, wohin uns Traudel, die eine Einladung besitzt, einfach mitnimmt. Es gibt ein großes Fest, vier Mädchen bekommen nach Ende ihrer Ausbildung das „Certificat d' Couture" und je eine Nähmaschine zum Geschenk. Diese Nähmaschine, wird uns erklärt, sei wohl der Grundstock einer voraussichtlich sehr erfolgreichen Tätigkeit als selbständige Schneiderin und wird den Mädchen bürgerlichen Wohlstand bescheren.

Ein fünftes Mädchen hat ihre Ausbildung zur Krankenpflegerin abgeschlossen, was mit besonders viel Applaus bedacht wird. Hoher Besuch nimmt an dieser Feier teil: Das diplomatische Korps ist durch seine Damen vertreten, ich erkenne die Frau des deutschen Botschafters, die des Kanzlers der deutschen Botschaft, eine Irin. Aus deren Begleitung wird uns die Frau eines US–Diplomaten vorgestellt.

Zwei leibhaftige Minister geben dem Fest Glanz: der Minister für die Krankenhäuser in Burkina Faso ist wohl hauptsächlich wegen der Absolventin der Krankenpflegeausbildung da, die Ministerin für die Entwicklung der Frauen in Burkina Faso hält eine Rede.

Neben mir kommt ein Colonel der Armee zu sitzen, wir werden einander vorgestellt und unterhalten uns eine Weile ganz angeregt. „Nous, les Colonels", – wenn dieser Kamerad wüsste, wie häufig es diesen Dienstgrad allein in meiner Luftwaffe gibt und wie wenig er bei uns etwas Besonderes ist! Doch das binde ich ihm nicht auf die Nase.

Das Kinderheim präsentiert uns eine Vielzahl herrlichster Vorführungen durch die Kinder. Das reicht von einer Modenschau selbst entworfener Kleider für alle Altersgruppen und Anlässe – auch bei der Modenschau in einem afrikanischen Kinderheim bilden Abendkleider und ein Brautkleid die Höhepunkte und den Abschluss der Vorführung! –, über Theaterspiel und die Darbietung eines halbwüchsigen Rappers, welche die Zuschauer in Begeisterung versetzt. Im Hof des Heimes schließlich gibt es eine Ausstellung der verschiedensten handwerklichen Erzeugnisse. Alles in allem ist dieses Kinderheim ein beeindruckendes Projekt, das jedwede Hilfe gut gebrauchen kann. Ich beschließe, dass ich von unserem Überfluss der nächsten Maschine nach hier etwas für diese Kinder mitgeben will.

Zum einen brauchen wir wieder einmal Bargeld, zum zweiten wissen wir so recht nichts Vernünftiges mit uns anzufangen, also hängen wir am späten Vormittag in der Botschaft herum. Wir beobachten unsere geschätzten Gastgeber bei ihrer täglichen Routinearbeit. Ich überrede den Kanzler, dass ich von der Botschaft das LTKdo anrufen darf, ja wir können sogar mit unserem Geschwader telefonieren und Klarheit über die weitern Abläufe schaffen. Was eigentlich dessen Umdenken herbeigeführt hat, bleibt ziemlich rätselhaft. Vielleicht hatte ich aber auch einfach ein falsches Bild von einem Mann, der einfach nur einen schlechten Tag hatte?

Kurz nach Mittag erscheint dann auch Sigurds Ehefrau Traudel und entführt die Techniker sowie einige Willige der Besatzung auf den Stadtmarkt. An diesen habe ich, merkwürdiger Weise, immer noch eine Erinnerung von vor zwanzig Jahren. Ich glaube noch zu wissen, dass er sehr bunt und äußerst interessant gewesen ist. So rate ich jedem, der nicht weiß, ob er sich tatsächlich bei dieser Mittagshitze in das Getümmel des Stadtmarktes begeben soll, zwar zu gehen, ich selber bleibe aber lieber in den klimatisierten Räumen der Botschaft und beobachte das dortige Treiben.

Abends endlich – am Donnerstag trifft die Air France Maschine wegen einer Routenführung über Niamey erst spät ein – kommt der nächste Techniker mit allen uns fehlenden Teilen angereist. Zwar ist mir durchaus klar, dass dieser Mann nun schon einen endlos langen Tag hinter sich haben muss, doch ich habe die Techniker überredet, die Reparatur unmittelbar nach seinem Eintreffen durchzuführen. Es gibt ja auch einen durchaus vernünftigen Grund: am späten Abend, das heißt, in der tropischen Nacht, kann man es im Flugzeugrumpf noch am ehesten aushalten.

Allerdings muss ich die Technik mit diesen Arbeiten alleine lassen, denn wir haben verabredet, dass wir am morgigen Freitag auf jeden Fall die Flugstrecke über Abuja nach Accra bewältigen wollen. Damit sind uns Startzeiten bis spätestens späten Vormittag vorgegeben, und das bedeutet ausreichende Ruhezeit für die Besatzung, also relativ früh ins Bett.

Was uns aber nicht davon abhält, unser Lieblingslokal, das Verdoyen, noch ein letztes Mal mit Familie Macht und Frau Schulz zu besuchen. Heinz und Ralf haben auch daran gedacht, die Damen mit einem Blumenstrauß zu bedenken, auch die kommen gut an. Ich gestehe, ich bin stolz auf meine Crew, mit der kann man Pferde stehlen, auch wenn das nicht jeden Moment des Einsatzes spürbar und gegenwärtig ist.

Wir erledigen alle Formalitäten des Auszugs aus dem Hotel noch am Abend, bevor wir uns, überwiegend wohl freudig erregt, dass es endlich weiter gehen soll, zur Nachtruhe begeben. Warum nur habe ich ein schlechtes Gewissen, dass ich die Techniker allein lasse?

Freitag, 28. Februar 2003

Welch eine Wonne! Es sieht doch tatsächlich so aus, dass alles gut weiterlaufen wird. Erstaunlich allerdings ist die eigene Erwartungshaltung – erstaunlich und gefährlich! Sie hat etwas von dieser in der Flugsicherheit nicht umsonst so gefürchteten „Gethomitis" (sprich: Get home –itis), jener Bereitschaft der Flieger, gegen besseres Wissen höhere Risiken einzugehen, Fehlfunktionen zu unterschätzen, nur um endlich nach Hause zu kommen. Sie zeigt sich auch bei uns!

Wie mir unser Wart am Flugzeug andeutet, ist wohl nicht ganz sicher feststellbar, ob die Undichtigkeit im Hydrauliksystem tatsächlich behoben ist. Genau das aber will ich gar nicht hören! Da aber andererseits die Techniker und Prüfer, die nach der langen Reparaturnacht natürlich heute morgen noch schlafen, eine erfolgreiche Reparatur bestätigt und unsere Maschine zum Flugdienst freigegeben haben, einigen wir uns darauf, ihnen auch zu vertrauen.

Der kleine Teufel in meinem Gehirn, der mich erinnert, dass ein Techniker nach langer Anreise nachts repariert hat, und dass müde Menschen Fehler machen können, kann sich nicht durchsetzen. Jetzt die Techniker aus dem Bett zu holen, eine nicht kalkulierbare Startverzögerung hinzunehmen und damit möglicherweise die gesamte Reiseplanung dieses Tages zu riskieren, erscheint mir nicht mehr angemessen. Wir wollen hier endlich weg!

Und wir fliegen auch endlich weg. Glücklicherweise bestätigen sich meine geheimen Befürchtungen nicht. Die Hydraulik arbeitet bis zur Beendigung des Einsatzes ohne jegliche Auffälligkeit.

Das gilt allerdings leider nicht für alle anderen Systeme!

Der Flug nach ABUJA (Nigeria) dauert knappe drei Stunden. Die überflogene Landschaft ist eintönig und gewährt kaum neue Eindrücke.

Dies ist einer jener afrikanischen Routenabschnitte, die Kommandanten auf der Transall vor eigentlich nicht zu erwartende Herausforderungen stellen. Vor allem aber werden diese Herausforderungen von allen vorgesetzten Stellen negiert. Gemeint sind hier die eigentlich verständlichen Wünsche von Besatzungsangehörigen, das Flugzeug auch einmal steuern zu dürfen sowie gleichzeitig die mehr oder weniger ausgesprochene Erwartung von Angehörigen einer Besatzung, afrikanische Flugstrecken doch wesentlich tiefer zurückzulegen, als Flugplan und wirtschaftliche Erwägung, ja oftmals sogar die jeweiligen nationalen Vorschriften das zulassen oder fordern.

Hier haben unsere Altvorderen zumindest teilweise heftigst gesündigt und damit über die Jahre hinweg Erwartungen begründet, die eigentlich ungehörig, ja, selbst wenn man sich darüber hinweg setzen möchte, heute einfach nicht mehr zu erfüllen sind.

Natürlich war das früher auch ganz anders: Der NORATLAS mit ihren Kolbentriebwerken war die Flughöhe hinsichtlich des Spritverbrauches völlig egal. Die Flugsicherung über dem afrikanischen Kontinent existierte in großen Teilen einfach nicht. So wurden Teilstrecken im absoluten Tiefstflug zurückgelegt, ohne dass auch nur Irgendjemand außerhalb der Besatzung Wind davon bekam, und in so manchen Erzählungen der „Alten Adler" spielen solche Geschehnisse eine zentrale Rolle und begründen verklärte Erinnerung.

Auch ich habe als junger Copilot noch von derartigem Verhalten älterer Kommandanten profitiert und eine illegale Ausbildung in Tief– und Tiefstflug über Afrika erhalten, lange bevor solche Ausbildung taktisch begründet und planmäßig in Labrador durchgeführt wurde. Damals habe ich einfach genossen und mir natürlich noch keine Gedanken darüber gemacht, dass mich die hier geweckten Erwartungen einmal äußerst unangenehm einholen würden.

Das aber tun sie heute bei mir, denn natürlich werde auch ich mit solchen Ansinnen aus meiner Besatzung konfrontiert, teils recht offen, teils subtiler. Dem zu widerstehen heißt schlechte

Laune und Unverständnis über die kompromisslose eigene Haltung bewusst herauszufordern und zu ertragen. Dabei bleibt meistens kaum die Chance, das eigene Verhalten in dieser Angelegenheit zu erklären.

Die Luftstraßenstruktur erlaubt uns keinen anderen Weg als zunächst in nordöstliche Richtung nach Niamey in Niger. Hier endete vor zwanzig Jahren die Standardstrecke durch Westafrika, bevor man sich nordwärts wieder auf den Heimweg machte. Erst über Niamey können wir uns nach Osten bis Sokoto im nordwestlichen Zipfel Nigerias halten, bevor wir endlich mit südöstlicher Richtung zu unserem Etappenziel geführt werden. Kurz davor liegt linker Hand, etwa 100 km querab Kaduna.

An diesen Ort habe ich persönlich keine Erinnerungen, denn als ich nach Afrika zu fliegen begann, war Nigeria gerade im kommunistischen Lager und ergo kein Ziel für uns. Doch ich erinnere mich noch ganz gut an einen der stellvertretenden Kommodore des LTG 62 in Wunstorf, Oberstleutnant Schmidt, der den Spitznamen „Kaduna–Schmidt" bekommen hatte, weil er mehrere Jahre an diesem Ort einer Beratertätigkeit als Fluglehrer nachgegangen war. Und das wiederum erinnerte mich daran, dass ich selbst als Fluglehrer auf der Do28 in Wunstorf einen Schüler aus Nigeria ausgebildet hatte. Keine Ahnung, was aus dem geworden war. Irgendwann hatte uns ein Gerücht erreicht, unsere Schüler aus diesem Land seien alle aus politischen Gründen ermordet worden.

Schließlich landen wir recht pünktlich in Abuja. Hier sind wir schon im tropischen Bereich Afrikas, die Luft ist am Rande des nigerianischen Berglandes schwül und heiß.

Der dortige Militärattaché ist ebenso sichtlich erleichtert wie der Leiter der Beratergruppe, mit dem ich ja schon mehrfach telefonischen Kontakt hatte. Er trägt übrigens auf seiner Uniform das Abzeichen der Pionierschule und wir vermuten daher wohl nicht zu Unrecht, dass die Beratergruppe überwiegend Bauaufträge hat. Bei ihm sind noch einige Unteroffiziere mit Portepee, offensichtlich – man sieht ihnen das wirklich an – alles erfahrene Afrikakämpen.

Von den Deutschen dort erfahren wir mehr über diese Stadt: Abuja ist seit 1991 Nigerias Hauptstadt, sie hat heute etwa 175.000 Einwohner.

Bereits im Jahr 1976 fasste die nigerianische Regierung den Beschluss, die Hauptstadt von Lagos an der Küste in das Zentrum des Landes zu verlagern und begann die Planstadt auf dem Reißbrett zu erschaffen. Der Japaner Kenzo Tange plante die neue Hauptstadt. Erbaut wurde sie durch Baufirmen aus Frankreich, Deutschland, Niederlande, Italien und anderen Industrieländern. Doch finanzielle Probleme und schleppender Fortschritt der Bauarbeiten verzögerten den raschen Umzug der Regierung.

Abuja ist auch die Hauptstadt des Federal Capital Territory. Das erinnert an das DC von Washington, der US–Hauptstadt. Und Abuja ist als künstlich geschaffene und in ihrem Wachstum stark kontrollierte Stadt ein kultureller wie städtebaulicher Fremdkörper innerhalb Nigerias.

Noch ehe wir darum wissen, fällt uns im Anflug eine völlig andere Bauweise auf: Satteldächer wie in Europa krönen die Häuser, oft aus Dachziegeln, bei offensichtlich weniger betuchten Eigentümern auch schon mal aus Wellblech.
Ein frappanter und bemerkenswerter Gegensatz zu Ouagadougou, wo selbst die Häuser der Europäer – oder von denen gemietete Häuser – Flachdächer, oft als Dachterrasse genutzt, haben.

Wir versuchen uns das damit zu erklären, dass Nigeria mit seinem Ölvorkommen und seinen Bodenschätzen eben ein „reiches" afrikanisches Land ist, bevor wir den tatsächlichen, zuvor schon geschilderten Grund erfahren.

Der Zuzug in die Stadt wird durch künstlich teuer gehaltenen Wohnraum erschwert, an Wochenenden ist die Hauptstadt wie ausgestorben, da jeder, der es sich leisten kann, den Ort meist in Richtung Lagos verlässt, wo das kulturelle und ökonomische Leben stattfindet.

Entladen, Zeit für einen kurzen Smalltalk, weiter geht's! Die Erinnerung an diesen Platz und seine Menschen wird sich später in Grenzen halten. Zu stark wirken noch die Eindrücke aus Ouagadougou nach, da ist noch kein Platz für Neues, und wirklich Nachhaltiges passierte Gott sei Dank auch nicht. So brauchen wir auch kaum zwei Stunden, da sind wir wieder in der Luft und wenden uns nun nach Südwesten in Richtung Atlantik und Golf von Guinea. Ganz nebenbei wird uns bewusst, dass Abuja der östlichste Ort in Afrika auf unserer Flugroute ist. Und der liegt etwa auf der gleichen östlichen Länge wie Basel.

Über die ehemalige Hauptstadt Lagos verlassen wir den Staat Nigeria und wenden uns erst im neutralen Hoheitsgebiet über der Bucht von Benin westwärts nach ACCRA, der Haupt– und Hafenstadt von Ghana. Hier erwartet uns ein interessantes Phänomen: mitten in den frankophonen Ländern Westafrikas bildet Ghana eine englischsprachige Ausnahme. Während unseres Aufenthaltes werde ich mir tatsächlich öfter Mühe geben müssen, nicht französisch zu reden!

Wir werden an den schmalen Streifen Gambia entlang des gleichnamigen Flusses mitten im senegalischen Staatsgebiet erinnert, der zumindest mich hinsichtlich der Überflugerlaubnis beschäftigt hatte und der ja ebenfalls unter britischen Einfluss stand. Warum hatte das Empire sich wohl diese zwei Streifen in der französisch dominierten Sphäre Afrikas gesichert und erhalten? Wieder einmal wird mir erschreckend bewusst, wie sehr koloniale Machtpolitik des vorigen Jahrhunderts noch heute nachwirkt.

Über Kurzwelle war uns schon während des Fluges mitgeteilt worden, wir möchten den Offizier vom Gefechtsstand (OvG) beim LTG 61 mittels unseres Handy anrufen.

Welch eine Erleichterung! Unser Handy geht wieder, internationales „Roaming" ist wieder möglich! Kaum vorstellbar, wie sehr uns in Ouagadougou diese Form zeitverzugsloser Kommunikation gefehlt hat. Kaum sind die Triebwerke abgestellt, springe ich auf die Ramp und wähle mein Geschwader in Deutschland an. Und was will der OvG? Der Leiter des Gefechtsstandes, den ich zuerst an die Strippe bekomme, weiß von nichts. Der OvG schließlich will sich bei uns beschweren, dass wir uns nicht gemeldet haben! Oh du liebe, anders geartete Welt daheim!

Auf dem Weg zum Hotel fällt uns eine Art Bühneneffekt entlang der gut ausgebauten und hell erleuchteten Straße auf: Paradiesisch sauber und gepflegt die Nobelhäuser und Vorgärten, die man von der Straße sehen kann. Die afrikanischen Hütten und Verkaufsstände sind hinter Mauern versteckt, doch sie sind da! Hin und wieder zeigt ein sicherlich nicht gewollter Durchbruch in den ansonsten alle Blicke abschirmenden Mauern, dass hinter diesen normales Afrika ist. Normal mit allem Dreck, doch auch mit aller Buntheit des Lebens. Der Rest ist halt Fassade, von wem auch immer und wozu auch immer gewollt.

Bürokratie wird an diesem Ort ganz groß geschrieben! Beim Rausfahren will der Zoll unser Gepäck sehen, beim Reinfahren am nächsten Morgen will man uns ohne Sicherheitsausweis gar nicht erst auf das Flughafengelände lassen.

Das ursprünglich für uns geplante Hotel ist natürlich auch hier ausgebucht, die Spannungen in Côte d'Ivoire sorgen auch hier für ungewöhnliche und unübliche Verhältnisse. Wir erinnern uns, was Botschafter Rau über die neue Bedeutung von Accra für die nördlicher gelegenen Länder erzählt hat.

Doch das uns alternativ angebotene Hotel „Golden Tulip" – wie kommt nur Jemand in diesem fernen Winkel Afrikas auf die Nationalblume der Niederlande, wenn es gilt, ein Hotel zu benennen? – ist für uns eh das reinste Paradies! Klimatisierte Räume! TV–Apparate, die auch funktionieren! Ein Buffet, das keine Wünsche offen lässt, für 130.000 – wie immer das Geld hier heißt (jedenfalls nicht FCFA!), das wir zum Kurs von 9.000 je Euro umtauschen.

Da lässt sich doch alles andere leicht ertragen, selbst die stets vorhandene Schwüle. Mich erstaunt ohnehin, wie sehr sie nach der in Ouagadougou vorherrschenden trockenen Hitze belastet.

Am Abend spricht mich im Hotel der Leiter der hiesigen Lufthansa–Station an, der offensichtlich stocksauer ist, dass niemand ihn über die Änderungen unseres Fluges für die hiesige Station informiert hatte! Auch über unsere heutige Ankunft war dem – wie mir schien – Libanesen nichts gesagt worden, was ihn nicht eben zugänglicher für uns machte.

Wer hat da wen zunächst doch und dann nicht wieder informiert? Warum nutzen wir solche Verbindungen zu den Lufthansastationen über den bei der Flugbereitschaft vorhandenen SITA–Anschluss nicht grundsätzlich immer? Weiß denn das jetzige Personal des Lufttransportkommandos und in den Gefechtsständen unserer Geschwader nicht, wie angenehm und entkomplizierend die Wahrnehmung eines Fliegers mit Wetter, Flugplan, Transport, Be– und Entladung, und so weiter durch eine vor Ort eingefuchste Airline–Bodenstation für eine Crew ist? Zum Glück ist uns am nächsten Morgen das Personal der Lufthansa trotz der Verärgerung ihres Leiters höchst behilflich, und wir können sogar 25 Minuten vor der eigentlich geplanten Zeit starten! Danke, liebe Kollegen!

Samstag, 1. März 2003

Nachdem es uns mit Hilfe der Lufthansastation gelingt das Flugfeld überhaupt zu betreten, geht alles recht reibungslos. Die Autos für unseren Transport waren pünktlich am Hotel, niemand hatte verschlafen, das Frühstück war in Ordnung.

Wir können also einen neuen Tag mit recht langer Flugzeit ruhig angehen. Wenn da nicht im Hinterkopf immer diese kleine nickelige Stimme wäre: „Na, warte mal ab, was jetzt wieder nicht funktioniert!" Doch es funktioniert – zumindest technisch – alles reibungslos.

Die errechnete Flugzeit nach Dakar beträgt sechseinhalb Stunden, wir müssen, schön über See und außerhalb der Hoheitsgebiete bleibend, außen herum. So liegt unser Abstand zum Land in der folgenden Zeit stets zwischen 20 und 50 Seemeilen, das langt auch für so unberechenbare Staaten wie derzeit Elfenbeinküste. Nachdem sich die Spannung, ob man auch unbeschadet durch die Krisengebiete kommt, etwas gelegt hat, bleibt Zeit, den am Morgen bei der Lufthansa abgestaubten „Spiegel" zu lesen, zumal die Kommunikation mit den Bodenstellen „afrikanisch" abläuft, also höchst selten jemand auf unsere Anrufe antwortet. Da bedarf es schon der nötigen Gelassenheit.

Endlich wieder Teilhabe am politischen Geschehen in Deutschland! Zwar hatte uns die Botschaft in Ouagadougou recht regelmäßig mit einem Pressespiegel versorgt, wie ihn das Auswärtige Amt wohl für alle Auslandsvertretungen bereit stellt, doch die rechte Muße, ihn bewusst zur Kenntnis zu nehmen, fehlte überwiegend genau so, wie das Interesse am heimatlichen Geschehen. Das ist jetzt anders; mit der Flugrichtung Heimat steigt auch wieder die Anteilnahme an dort bewegenden Themen.

Zur Versorgung der Besatzung mit Nachrichten aus der Heimat gibt es noch eine Episode nachzutragen. In einem der Pressespiegel aus der Botschaft in Ouagadougou war ein Bericht zu lesen, dass der Bundestag alle karnevalistischen Veranstaltungen abgesagt habe, da befürchtet würde, die Karnevalisten könnten dem US-Präsidenten George W. Bush mit seiner Kriegslüsternheit im Irak „über die Maßen zu nahe treten", was das ohnehin angespannte Verhältnis zu den USA noch stärker belasten würde.

Nun bin ich ein überzeugter Karnevalist, und jeder kann sich vorstellen, wie ich ob einer solchen Nachricht geschäumt habe. Was habe ich über die Anmaßung unserer Politiker geschimpft! Wie habe ich immer wieder argumentiert, was denn Karnevalisten, deren Hauptwerk der „närrische Spiegel" ist, Schlimmeres anstellen könnten, als unser ansonsten von mir sehr geschätzter Bundeskanzler an diplomatischer Idiotie auf diesem Feld schon angestellt habe!

Die eingeweihten Botschaftsangehörigen müssen sich halbtot gelacht haben, denn natürlich war diese Meldung von ihnen in die Presseübersicht hinein getürkt worden. Wahrscheinlich hatte ich allzu begeistert vom Karneval gesprochen.

Bemerkenswert ist für mich immer noch, dass ich auf eine solche „Ente" hereinfiel, was mir daheim sicherlich nicht passieren würde. Wann hat sich der Bundestag tatsächlich schon einmal um die karnevalistischen Umtriebe ernsthaft gekümmert? Doch selbst dann nicht, wenn er selbst in dessen Spiegel auftauchte!

Als wir endlich in Dakar ankommen, müssen wir tatsächlich mehrere Warteschleifen fliegen. Die Flugsicherung scheint völlig überfordert, mehrere Maschinen zur gleichen Zeit im Anflug und ein Flugzeug vermisst. Zum Glück ist unsere Transall ja flexibel.

Zunächst werden wir zu einem schnellen Anflug aufgefordert, weil uns mehrere Verkehrsjets im Nacken sitzen. Dann plötzlich sollen wir so langsam wie nur irgend möglich anfliegen, weil die MD 11 der Lufthansa, die unmittelbar vor uns gelandet ist, endlose Zeit zum „backtrack" auf der Bahn verbraucht.

Ich treffe deren Besatzung später im Hotel und erzähle ihnen, wie sich ihr Rolltempo auf uns ausgewirkt hat. Sie sehen das völlig locker – man könnte auch von Arroganz reden .

Jedenfalls bekommen wir die Landefreigabe erst unmittelbar vor dem Aufsetzen.

Die Franzosen überschlagen sich vor Dienstbarkeit und wollen uns unbedingt ins Hotel fahren, obwohl Hauptfeldwebel S. mit dem Bus der Beratergruppe genau dafür bereit steht.

Der hat übrigens tatsächlich ein Stück des erbetenen Ebenholzes zum Preis von zehn Euro auftreiben können, das zu besorgen mich ein Offizier meiner Lehrgruppe in Altenstadt per Fax nach Ouagadougou gebeten hatte.

Ihm hatten wohl mehrere Würfel mit Kantenlängen von zwanzig Zentimetern vorgeschwebt. Holz in Ouagadougou? Dieser Mensch hatte wirklich nicht nachgedacht, und da auch er zum Fliegenden Personal gehört, hätte er das wissen können.

Doch ich hatte aus Accra den bewährten Hauptfeldwebel der Beratergruppe in Dakar angerufen und ihm den Wunsch angetragen. Siehe da, es ist zwar nicht so viel wie gewünscht, doch immerhin hat er überhaupt welches bekommen.

So sehr wir aus der Erinnerung freudig den Luxus des Hotels Meridien erwarteten, so sehr wurden wir enttäuscht. Auch dieses Hotel hat ganz normale Hotelzimmer, und dieses Mal bekommt keiner von uns ein anderes.

Überhaupt sehen wir viele Dinge bei dieser Übernachtung wohl mit anderen Augen. Der Flair des Besonderen jedenfalls ist dem Meridien im Inneren des Kontinents abhanden gekommen. Das erstaunt umso mehr, als der Gegensatz zum Eden–Park ja wirklich größer kaum sein kann. Doch vielleicht ist es genau diese vergleichende Erinnerung, die uns anderes hat erwarten lassen als die Realität. Möglicherweise bedingt sich unser Empfinden aber nur noch über den Wunsch endlich nach Hause zu kommen.

Zum Essen sind wir wieder an Afrikas westlichstem Punkt mit der Beratergruppe verabredet. Die haben inzwischen noch mehr Besuch aus Deutschland bekommen: bei Familie S. ist die Freundin der Frau immer noch da, und der Leiter der Gruppe hat Besuch von seinen zwei Söhnen. Das bedingt, dass sich die Familien heute mehr um sich selbst kümmern als um die Transallbesatzung, und so ist es vielleicht weniger verwunderlich, dass auch das Lokal seine Besonderheit, die wir doch bei unseren letzten Besuchen deutlich empfanden, verloren zu haben scheint. Vielleicht gilt aber auch hier, was sich beim Hotel schon bemerkbar machte.

Prompt treffe ich auf dem Weg zum Lokal übrigens meinen „Freund" Ali, und er erkennt mich tatsächlich wieder. Zwar ist ihm mein Name nicht mehr geläufig, doch er weiß noch, dass wir aus Deutschland kommen. Und es gelingt ihm in all seiner

Dreistigkeit auch jetzt wieder, mir ein paar Euro abzuknöpfen, Herr, es sei ihm gegönnt! Doch dieses Mal erstehe ich dafür wenigstens eine dünne Goldkette für Lioba – wenn sie denn aus Gold ist.

Der zweite lange Flugtag! Wir sind rechtschaffend müde und verschwinden recht bald im Hotel und in den Betten. Nicht jedoch, ohne dass der eine oder andere noch ein paar kleine Holzschnitzereien gekauft hätten. Sie sind ja auch wirklich ganz ansprechend.

Sonntag, 2. März 2003

Eigentlich ständig über dem Wasser des Atlantik, doch wie eine Billardkugel die Bande, Afrika von Nouadhibou an der Nordgrenze Mauretaniens bis Dakhla im Süden Marokkos touchierend, geht unser Flugweg nach Gran Canaria und damit zurück in europäische Verhältnisse.

Als wir auf der Höhe von Nouakchott sind, werfe ich noch einmal einen sehnsüchtigen Blick in dessen Richtung. Es erscheint mir mehr als fragwürdig, ob ich in meinem Leben den afrikanischen Kontinent noch einmal wiedersehen werde! Und ich spüre es zutiefst: Er wird mir fehlen!

Mein ganzes Transporterleben habe ich die Meinung vertreten, man könne gegenüber Afrika nur zwei mögliche Gefühle entwickeln: entweder man hasst es oder man liebt es! Nie war ich mir wirklich sicher, wie denn nun meine Gefühle für diesen einmaligen Kontinent sind, doch heute, jetzt, wo ich mich von ihm verabschiede, da weiß ich es.

Der Anflug auf die Kanareninsel gestaltet sich simpel und einfach, wir fliegen geradeaus auf den Flugplatz zu und gelangen schon weit draußen in die Anzeigen des Instrumenten–Landesystems, denen wir bis zur Bahn folgen.

Abstellen auf dem militärischen Teil bei den Spaniern, wo natürlich heute, am Sonntag, auch nur eine Notbesetzung präsent ist. Das beeinträchtigt uns aber kaum, wir können zwar nicht tanken und ich mache mir schon Gedanken, ob das relativ leichte Flugzeug durch die Winde auf der Insel gefährdet werden kann. Doch wir stehen quasi im Karree der Hallen und Gebäude, da sollte es auch bei stürmischen Winden geschützt sein.

Während Wart und restliche Besatzung die Nachflugkontrolle machen und das Flugzeug abdecken, hänge ich schon am Handy und versuche mit dem OvG meines Geschwaders die notwendigen Absprachen für unsere morgige Ankunft zu treffen.

Meine Frau ist mit den Kindern nach Münster gefahren – man wird morgen zum Rosenmontagszug in Köln sein (Grummel! Grummel! Ich wäre so gerne dabei!)–, also kann mich niemand   abholen.
Das heißt, ich benötige eine sogenannte „Werksfahrt", doch dafür braucht es einen vorher zu kaufenden Fahrschein!
Da ich einen solchen nicht habe, wir aber erst nach Dienstende in Landsberg landen werden, müsste jemand im Geschwader die benötigten Fahrscheine für die Besatzungsangehörigen besorgen.

Sankt Bürokratius hat uns schon am Wickel, auch wenn wir noch gar nicht wieder zu Hause sind.

Für die Männer aus der Besatzung, die von ihren Angehörigen abgeholt werden sollen, verabrede ich mit dem OvG, dass wir uns etwa zwei Stunden vor der Landung über Kurzwelle melden werden, dann sei der richtige Zeitpunkt, die Familien zu verständigen. Die Frau des Doktors kommt immerhin aus Kaufbeuren, da hat sie alleine eine halbe Stunde Fahrzeit.

Schließlich nehmen uns zwei Taxen auf, die vom spanischen Militär bestellt wurden, und uns nun die knappe Stunde zum vorab reservierten Hotel fahren. Vorsichtshalber habe ich aber selbst dort noch einmal angerufen. Nicht dass es uns hier wieder ähnlich ergeht wie schon nach anderen geänderten Etappen! Doch die Reservierung steht, das Personal der Rezeption ist über unsere heutige Ankunft informiert. Ich lehne mich also entspannt zurück.

Das Hotel ist ausgesprochen angenehm. Das nicht nur, weil man uns freundlich und mit einem Glas Sekt empfängt, sondern auch wegen des gesamten Ambiente. Was zunächst ungewöhnlich ist und der Gewöhnung bedarf: Von der Rezeption auf Straßenebene fährt der Aufzug zu den Zimmern nach unten! Das Hotel ist, wie ganz viele in dieser Gegend, so an den Steilhang zur Küste hingebaut, dass die Zimmer alle aufs Meer hinausgehen, man auf der Meeresebene den Poolbereich ebenso erreicht wie das Meer selbst. Da die Straße aber auf der Höhe entlang führt, gehen die Etagen mit den Zimmern eben nach unten!

Wir sind auch sonst recht angetan, die Balkone sind in Betonkästen mit bunt blühenden Blumen bepflanzt – es könnte eine Art Bougainvillea sein, doch ich bin mir ob der Farben nicht sicher. Jedenfalls sieht es toll aus und wenn man von unten an der Hotelfassade hoch schaut wird man ein ganz klein wenig an den Geranienschmuck bayerischer Häuser erinnert. Vielleicht tritt dieser Effekt aber auch nur dann auf, wenn man genug Heimweh hat.

Wir entschließen uns, zum Dinner am Buffet teilzunehmen. Zum einen ist das ja stets unsere erste warme Mahlzeit, zum zweiten ist das Preis–Leistungs–Verhältnis so recht ausgewogen. Nach kurzem Überschlagen bin ich mir sicher, dass wir bei Einzelbestellungen mehr bezahlen müssten.

Das ist übrigens auch wieder einer jener Punkte, der mich in den Abrechnungen der Reisespesen stets bis aufs Blut ärgern konnte. Regelmäßig war den Verwaltungen nicht klar zu machen, dass die von den Besatzungen gewählte Variante des Essens im Normalfall auch die finanziell günstigste war. Vielleicht ist es ja für jemanden, der nicht aus dem heimatlichen Dunstkreis herausgekommen ist, wirklich schwer verständlich, dass in einigen Gegenden dieser Welt der Hummer tatsächlich preiswerter ist als ein Fleischgericht. Dass man aber grundsätzlich davon auszugehen scheint, die Besatzungen führten auf Kosten der Steuerzahler ein aufwändiges Luxusleben, kann schon erbosen. Besonders, wenn man die oftmals so triste Realität kennt und durchleidet.

Beim Essen fällt dem Doktor und mir – wir sitzen halt günstig – eine Dame auf, die wir zu kennen glauben. Ja doch, sie muss wohl allgemein in Deutschland bekannt sein. Aber woher? Eine Schauspielerin? Sängerin? Fernsehmoderatorin? Nicht unbedingt jemand, den man aktuell von der Mattscheibe kennt, es liegt eher ein wenig zurück, doch wir kommen nicht darauf. Dann ist die Dame verschwunden und wir haben auch keine Gelegenheit zu fragen. Doch am nächsten Morgen soll sich das Rätsel lösen.

Die meisten Crewmitglieder genießen die weitläufige Pool-Anlage, ich persönlich ziehe das gut klimatisierte Zimmer vor und gehe rechtzeitig schlafen. Morgen geht es endlich heim!

Montag, 3. März 2003 (Rosenmontag)

Für den letzten Flugtag habe ich mich in die letzte mir noch verbliebene frische Kombination gekleidet. Schließlich will man ja sauber und ordentlich daheim ankommen. Als ich zum Frühstück hinunterkomme, sind die meisten anderen Crewmitglieder schon da. Ein untrügliches Zeichen, dass nun alle nach Hause wollen.

Da es keine großen Tische gibt, sitzen sie in zwei Grüppchen beieinander. Ich finde einen Platz gegenüber vom Doc und wir lassen es uns vom recht reichhaltigen Frühstücksbuffet gut munden. Schließlich liegt eine lange Flugetappe vor uns, die Flugzeit nach Landsberg wird voraussichtlich siebeneinhalb Stunden betragen.

Da erscheint die Dame von gestern Abend, steuert auf uns zu und fragt, was denn die Deutsche Luftwaffe auf den Kanarischen Inseln treibe. Freundlich geben unser Arzt und ich Auskunft, wobei wir glauben, geschickt nach der Identität unseres Gegenübers zu fragen, indem wir „Frau ...?" an eine Antwort anhängen. „Matthäus–Mayer" vollendet sie unseren Satz und im gleichen Moment fällt es uns wie Schuppen von den Augen.

Natürlich kennen wir diese Abgeordnete des Deutschen Bundestages, ihr Name und ihr Gesicht waren vor wenigen Jahren häufig genug in den Nachrichten. Doch irgendwie war sie dann von der Bildfläche verschwunden, man hörte einfach nichts mehr von dieser Wirtschaftsfachfrau der SPD.

Die von uns geäußerte Verwunderung, dass man in der letzten Zeit so erstaunlich wenig von ihr gehört habe, mag ihr unsere schlechte Erinnerung erklären. Gleichzeitig lässt sie uns aber auch erfahren, dass sie nunmehr die Chefin der Kreditanstalt für Wiederaufbau (KfW) ist, genau jener Bank im Staatsbesitz, mit der ich vor wenigen Jahren erst einen Teil meiner Hausfinanzierung gemacht habe.

Sie erzählt uns noch, dass sie für ein paar Tage hier Urlaub mache, dann wünscht sie uns einen guten Heimflug und wendet sich selbst dem Frühstücksbuffet zu.

Auschecken! Die Freundlichkeit des Personals ist beeindruckend, wir fühlen uns gerade wohl und scherzen wohlgelaunt mit den Mädels an der Rezeption. Das Gepäck in ein Großraumtaxi, die tatsächlich so pünktlich erscheint, wie wir das am Vortag verabredet hatten. Dann die einstündige Fahrt zurück zum Flughafen, und der Taxifahrer kennt tatsächlich den Schleichweg, über den man zum militärischen Teil gelangt.

Abdecken, Vorflugkontrollen durch Bordmechaniker, Wart und Ladungsmeister; wir Piloten gehen zum Abfertigen.

Glücklicherweise ist Montag, die spanischen Militärs sind wieder vollzählig da, und so bekommen wir unsere Wetterberatung ebenso bei ihnen wie wir dort auch den Flugplan einreichen können. Gut gelaunt klettere ich wieder an Bord und nehme für die letzte Etappe meinen Sitz ein. Nachdem ich gestern sogar an die Heimtransporte und damit zusammenhängende Problemchen in Landsberg gedacht hatte, dürfte ich nichts vergessen haben. Das Endstück meines letzten großen Flugeinsatzes konnte beginnen.

Doch es begann nichts! Wieder einmal stellte die Technik uns ein Bein und vor unerwartete Probleme: Wir konnten gleich das erste Triebwerk nicht anlassen, jede Idee, mit diesem Flugzeug heute nach Hause zu fliegen, wurde jäh zerstört.

Es ist nicht ganz einfach, sich unter solchen Umständen nicht von der ja schon in Ouagadougou spürbaren „Gethomitis" einfangen zu lassen und irgendetwas abenteuerliches zu probieren, die Triebwerke doch noch ans Laufen zu bekommen. Doch die Auskunft des Wartes war eindeutig und es gab bei unseren Fachleuten auch keine abweichende Meinung: dieses Flugzeug musste repariert werden und dazu mussten Techniker aus Landsberg kommen.

Natürlich war der Gefechtsstand des Heimatgeschwaders bei meinem Anruf nicht sonderlich erfreut über die abermalige Verzögerung, doch das waren wir hier vor Ort erst recht nicht. Wir erfuhren noch, dass für Mittwoch eine Transall nach Dakar geplant sei, die würde man dann halt über Gran Canaria umleiten und die Techniker und die benötigten Ersatzteile hineinpacken.

Wieder einmal musste eine Störungsmeldung abgesetzt werden, die notwendige Reparatur mit Technik und Prüfgruppe abgesprochen werden.

Mich drückt inzwischen die Frage, ob das Hotel noch Zimmer für uns bereitstellen kann, oder ob gar die Suche nach einem neuen Hotel auf der Insel auch noch auf uns zukommt. Doch ein Anruf bei der Rezeption schafft Erleichterung – vielleicht hat sich ja auch die Freundlichkeit, mit der wir uns vor wenigen Stunden verabschiedet haben, hier bezahlt gemacht.

Zunächst können wir unsere Koffer wieder ausladen.

Es dauert nur gute zwei Stunden, bis wieder eine Fahrgelegenheit verfügbar ist, und am frühen Nachmittag checken wir in das gleiche Hotel wieder ein. Dort sagt man uns zu, auch für die zu erwartenden Techniker noch Räume bereitstellen zu können, und dann kann ich mir den Kölner Rosenmontagszug im Satellitenfernsehen betrachten.

81

Nicht eben das, was ich mir für diesen Tag vorgestellt hatte, und so richtig tröstet diese unerwartete Gelegenheit letztlich auch nicht. Aber das abendliche Buffet ist auch heute gut und der überraschte Blick von Frau Matthäus–Mayer, uns immer noch im Hotel zu sehen, wo wir doch am Morgen unseren Heimflug avisiert hatten, weicht einem mitleidigen Blick, als wir von der neuerlichen Panne erzählen.

Dienstag, 4. März 2003

Heute können wir nichts anderes tun als auf die morgige Ankunft der Techniker zu warten. So beschließen der Doc und ich, uns einen Leihwagen zu mieten und eine Rundfahrt über die Insel zu unternehmen. Die restliche Besatzung möchte lieber im Meer und im Pool des Hotels baden und das in dieser Jahreszeit so angenehme Wetter auf den Kanaren genießen. Ich bin mir nicht ganz sicher, ob diese Entscheidung nicht auch durch die schon gestern gerne frequentierte Poolbar und ihre Gäste beeinträchtigt wird.

Im Laufe meines jetzt dreißigjährigen Fliegerlebens war ich wohl nur zweimal auf diesen Inseln vor der afrikanischen Westküste, einmal auf Teneriffa und dieses Mal auf Gran Canaria. Die Zeit, sich mehr von der jeweiligen Insel anzusehen als ein Hotel und das naheliegende Stück Strand, war bei nur einem Übernachtstop natürlich nicht vorhanden, und als Urlauber hatte es mich bisher noch nicht hierher verschlagen.

Die Azoren kannte ich besser, dort hatten sich einfache Übernachtungen mit einem anschließend verfügbaren Tag vor dem nächsten Nachtflug ebenso wie auch schon Wartetage auf eine Reparatur sowohl auf Terceira als auch auf Santa Maria ergeben. Und manches Mal genügte schon die Fahrt zu einem weiter vom Flugplatz entfernten Hotel, um sich ein Bild von der Insel, ihrer Topographie und ihrer Flora zu machen. Dazu war das Wetter auf den Azoren nicht immer geeignet für Strandbesuche und so verbrachten die Besatzungen die Tage eben oftmals auch mit Besichtigungen interessanter Bauwerke und Städtchen.

Wenn ich es aus dieser Perspektive betrachten wollte, dann schenkte mir die Technik unseres Flugzeuges letztlich auf meinem Abschiedsflug noch viele Eindrücke, die ich in das kommende Leben als Pensionär mitnehmen kann. Die Besichtigung von Gran Canaria mit einem Doc, der erstaunlich gut informiert ist, gehört zu diesem Geschenk, das ich dankbar annehme.

Mittwoch, 5. März 2003

Aschermittwoch! Das „graue" Gefühl, das an diesem Tag die meisten Karnevalisten beschleicht, ist auch uns heute nicht fremd – doch das hat nichts mit Karneval zu tun. So schön die Insel auch ist, so angenehm das Hotel auch sein mag, wir wollen eigentlich nur noch heim!

So fiebern wir der Ankunft unserer Techniker entgegen und ich bin am Nachmittag sehr zeitig am Flughafen, sie dort in Empfang zu nehmen.

Die Besatzung der Transall, die ihre erste Übernachtung auf dem Flug nach Dakar nun statt in Rabat hier auf Gran Canaria machen muss, steigt in einem anderen Hotel ab, so dass wir nur kurz Kontakt miteinander haben. Sie sind auch wenig an unserer Pannengeschichte interessiert. Was habe ich auch erwartet? Dass die Kameraden daheim mit jeder einzelnen Phase und Panne unseres Flugeinsatzes mitzittern? Welch ein Unsinn. Wenn es hoch kommt, gab es beim morgendlichen Briefing die Nachricht, dass wir immer noch nicht nach Hause kämen.

Nachdem die Techniker ihre Zimmer im Hotel bezogen haben, ist die Sonne schon untergegangen. Also sollten wir die Frage „Wo gehen wir essen?" möglichst bald beantworten. Unsere Instandsetzer wollen nicht im Hotel bleiben und auch bei den Besatzungsangehörigen macht sich die Unlust der Gewöhnung breit. Also wird beschlossen, den Strand entlang zu einem Restaurant zu gehen, dessen Lichter verheißungsvoll über die Bucht bis zum Hotel leuchten und bei dem man vermutlich draußen sitzen kann.

Warum ich ein eher schlechtes Gefühl habe als wir das Lokal endlich erreichen, lässt sich nicht erklären. Schließlich hatte mich jahrelange Erfahrung im mediterranen Raum gelehrt, dass die Qualität eines Restaurants nicht unbedingt etwas mit seinem Ambiente zu tun hat. Doch mein Gefühl behält Recht. Auch bei Auswahl anspruchsloser Gerichte lässt die Qualität der Speisen zu wünschen übrig, und es ist letztlich teurer, als wenn wir uns abermals das hoteleigene Buffet genehmigt hätten. Pech gehabt. Schade nur, dass es voraussichtlich der letzte Abend dieses Einsatzes ist.

Donnerstag, 6. März 2003

Heute morgen benötigen wir zwei Großraumtaxis, damit Crew und Techniker an die Maschine kommen. Wir wollen auch keinen Zweifel zulassen, ob wir heute nach Hause fliegen oder nicht.

Die Reparatur erweist sich als relativ wenig zeitaufwändig und gegen Mittag können wir die letzte Etappe unseres Rückfluges in Angriff nehmen.

Schon kurz nach dem Start erscheint unter uns die Insel Fuerteventura und auch über Lanzarote befinden wir uns noch im Steigflug. Das erlaubt forschende Blicke auf diese Ziele deutscher Touristen, denen ich mich ja eigentlich demnächst einmal anschließen könnte. Zeit werde ich ja wohl genug haben –mit dem nötigen Kleingeld aber wird es voraussichtlich eher hapern.

Der Anflug auf das Funkfeuer Malaga weckt noch einmal mein besonderes Interesse und ich versuche mich am Boden zu orientieren, um endlich das Sommerdomizil meiner Schwiegereltern zu entdecken. Doch eindeutig will es mir nicht gelingen. Obwohl die Sicht ungetrübt ist, findet sich am Boden eine so dichte Bebauung, dass es schier unmöglich ist, einen einzelnen Ort zu identifizieren. Das sieht als Fußgänger am Boden völlig anders aus.

Nachdem wir die spanische Südküste verlassen haben, beginnt es sich selbst für mich zu dehnen. Zwar bin ich mir durchaus bewusst, dass ich aller Wahrscheinlichkeit nach den einzigartigen Blick aus einem Cockpit auf diese aus der Höhe so atemberaubend schöne Landschaft in meinem Leben nicht mehr haben werde. Doch die Gedanken eilen dem Flug weit voraus – jetzt erahne ich, was mit der Phrase „die Heimat ruft" gemeint ist.

Merkwürdig, dieses drängende Erwarten verkürzt das Zeitempfinden nicht, es dehnt sich eher. Träge schleichen die Minuten und Stunden dahin und der Flieger scheint kaum voran zu kommen. Wie anders war das doch bei unserem Aufbruch vor – wie vielen Tagen?

Endlich, endlich bekommen wir Funkkontakt zum heimatlichen Kontrollturm, von dem wir schon weit entfernt versuchen, das aktuelle Wetter und sonstige Besonderheiten an unserem Platz zu erfragen. Und wie Labsal für die Seele strömen die Worte des Fluglotsen bei seiner Begrüßung in unsere Ohren:

„Welcome home, gentlemen!"

Nachwort

Es hat fünf Jahre gedauert, bis diese Erinnerungen tatsächlich in einer brauchbaren Form zu Papier gebracht wurden.

Manches ist in den letzten Jahren bereits verblasst, doch zum Glück gibt es die Aufzeichnungen aus jenen Tagen. Was aber ohne Einschränkung immer in meinem Gedächtnis präsent bleiben wird, ist die unglaubliche Gastfreundschaft, die wir als Besatzung an den Stationen genießen durften.

Und keinesfalls zu vergessen: Die herzliche Kameradschaft in der Besatzung, die letztendlich ein entscheidender Faktor ist, diesen Flug nicht – wie so viele andere, ähnlich spannende – immer mehr zu vergessen.

Euch, den Kameraden, und Euch, den Gastgebern, gilt mein herzlichster Dank für dieses erzählenswerte Erlebnis.

Tatsächlicher Verlauf:

18.02.03   Landsberg – Istres – Rabat

19.02.03   Rabat – Nouakchott – Dakar

20. und 21. 02.03   Reparatur in Dakar

22.02.03   Dakar – Conakry – Ouagadougou

23. bis 27.02.03   Reparaturen in Ouagadougou

28.02.03   Ouagadougou – Abuja – Accra

01,03,03   Accra – Dakar (Senegal)

02.03.03   Dakar – Gran Canaria (Kanarische Inseln)

03. bis 05.03.03   Reparatur in Gran Canaria

06.03,03   Gran Canaria – Landsberg

Der Autor

Holger Schmidt–Lutz, wurde am 27.April 1945 auf Fehmarn geboren und wuchs in Gelsenkirchen und Essen auf. 1964 trat er der Luftwaffe bei und wurde zunächst Turmkontrollleiter, bevor er 1971 zum Piloten ausgebildet wurde.

Nach Jahren in der Flugbereitschaft BMVg, wo er Spitzenpolitiker und andere VIP flog, wechselte er auf das Transportflugzeug TRANSALL C–160, das er bis zu seiner Pensionierung 2003 fliegen sollte.

In diesen Jahren wirkte er in allen drei Lufttransportverbänden, arbeitete aber auch mehrere Male in verschiedenen Funktionen im Lufttransport–Kommando (LTKdo), dem Stab der Division für die Transportflieger. An vielen Einsätzen in Krisenregionen war er im Rahmen der humanitären Hilfe als Pilot und später auch als Kommandoführer der Bundeswehrkräfte beteiligt.

Während ihn das Lufttransportgeschwader 61 in Landsberg am Lech immer noch als Piloten einsetzte, brachte er die letzten dienstlichen Jahre bei der Luftlande– und Lufttransportschule zu, wo er zunächst als Inspektionschef, dann als Kommandeur der Luftwaffenlehrgruppe, die Lufttransport–Ausbildung für die Soldaten aller Teilstreitkräfte sowie die Ausbildungen aller fliegenden Besatzungen im Überleben verantwortete und leitete.

Er lebt heute am Ammersee und unterrichtet an einer zivilen Flugschule die theoretischen Fächer für den Erwerb der Erlaubnis für Privatpiloten.

Herstellung und Verlag:
Books on Demand GmbH, Norderstedt
ISBN 978-3-8391-3220-3